Neue Mudras

von Gertrud Hirschi

Neue Mudras

von Gertrud Hirschi

Erfolg, Gesundheit und
Lebensfreude durch Fingeryoga

64 neue Fingerübungen
der Bestseller-Autorin

Bauer

Verlag Hermann Bauer
Freiburg im Breisgau

Die Deutsche Bibliothek – CIP-Einheitsaufnahme

Ein Titeldatensatz für diese Publikation ist bei
Der Deutschen Bibliothek erhältlich

Abbildung S. 17 aus Mantak Chia: *Tao Yoga des Heilens* © 1987 Ansata Verlag, Interlaken, jetzt München; S. 18 aus Jürgen Kaiser/Dr. med. Alexander Scharmann/Beate Poyck-Scharmann: *Handreflexzonenmassage* © Orac/Kremayr & Scheriau, Wien; S. 20/21 aus Ernst Theodor Tschoepke: *Hände gut – alles gut!* © Christa Falk Verlag, Seeon; S. 34 aus *Wege zum Tantra* von Harish Johari © Verlag Hermann Bauer, Freiburg

4. Auflage 2002
ISBN 3-7626-0810-5

www.hermann-bauer.de

Fotos einschl. Cover-Foto: Johannes Hopermann, Freiburg i. Br.
Zeichnungen: Ito Joyoatmojo, Zürich
Umschlag, Layout und Satz: Karin Jerg Design, Ballrechten-Dottingen
Druck und Bindung: Kessler Verlagsdruckerei, Bobingen
Printed in Germany

Inhalt

Dank

Allen, die an diesem Buch mitgearbeitet haben, möchte ich von ganzem Herzen danken: Erika Schuler-Konietzny für ihre immerwährende Unterstützung und Aufmunterung, Ito Joyoatmojo für die schönen Zeichnungen, Sylvia Schaible, die dem Text den letzten Schliff gab, Karin Jerg, die aus dem Buch eine kleine Schönheit gemacht hat, Gabriele Kilian, die es herstellerisch betreut hat und natürlich Erwin Singer als dem Verlagsleiter.

Ein großes Dankeschön geht an Sylvia Vetterli, die mich von der Hausarbeit entlastet, und – last, not least – an meinen Mann für seine großartige Unterstützung.

Reichen Sie mir die Hand
und lassen Sie sich in das
Land der tausend Sonnen führen.

Liebe Leserin, lieber Leser

Vor vier Jahren habe ich mein erstes Mudra-Buch geschrieben. Seither ist einiges passiert. Viele Menschen haben mir bestätigt, wie sehr ihnen die Mudras geholfen haben: Sie wurden auf diese Weise von körperlichen Beschwerden befreit oder haben gelernt, besser damit zu leben. In jedem Fall haben die Mudras ihr Leben im positiven Sinn verändert.

Als ich letztes Jahr nach einem Unfall, der eine größere Operation erforderlich machte, über drei Monate im Krankenhaus lag, habe auch ich die Wirkung der Mudras auf eine neue und noch intensivere Art erfahren. Ob ich mit ihrer Hilfe schneller genesen bin, weiß ich nicht. Dass ich aber dank der Mudras und der Philosophie, die dahinter steckt, trotz der misslichen Umstände immer wieder schöne Minuten, Stunden und sogar Tage erleben konnte, ist mir heute klar. Damit konnte ich nicht nur den Schmerzpegel niedrig halten, sondern auch meine Stimmung positiv beeinflussen. Ich entwickelte eine fast unerschöpfliche Geduld und Gelassenheit und schaffte es, immer wieder neue Zuversicht aufzubauen. Außerdem konnte ich mich sehr gut ablenken, also meine Gedanken mühelos von Negativem auf Positives, von Unwesentlichem auf Wesentliches und – ganz wichtig – von Unschönem auf Schönes lenken.

So habe ich mit Hilfe der Mudras in dieser Zeit viel Gutes erleben dürfen, wofür ich sehr dankbar bin. Ich bin dem Sterben ein bisschen näher gekommen und musste mich neu für das Leben entscheiden (oder besser gesagt, ES hat sich dafür entschieden). Damals hatte ich auch viel Zeit, darüber nachzudenken, was ich mit dem Rest meines Lebens machen wollte. Dass ich ein weiteres Mudra-Buch schreiben würde, war mir schon bald klar. Es gibt einfach noch zu viele wunderschöne Mudras, die ich bisher nicht beschrieben habe. Sie haben mir körperlich, geistig und seelisch sehr geholfen und werden sicher auch anderen Menschen eine große Hilfe sein.

Ich glaube, dass ich nach all den neuen Erfahrungen, die ich machen musste oder durfte, jetzt viele Menschen mit ihren Sorgen, ihren Ängsten und ihren Gefühlen der Ohnmacht oder der Trauer noch besser verstehen und ihnen auch helfen kann.

Aber keine Angst, es ist kein düsteres Buch geworden, denn trotz allem habe ich meinen Humor nicht verloren. Manchmal unter Zähneknirschen habe ich es sogar eine Zeit lang mit einer Lachtherapie versucht – es war »grauenhaft lustig«. Ist es nicht immer so: Je ernster die Lage wird, umso nötiger brauchen wir den Humor?

Es würde mich freuen, wenn Sie, wo immer Sie im Moment auch sein mögen, von den Mudras enorm profitieren, mächtig Erfolg haben und ganz viel Freude empfinden würden – vom Scheitel bis in die Zehen- und Fingerspitzen. Ich wünsche Ihnen auch, dass Ihnen immer mehr bewusst wird, wie Sie Ihr Leben in jeder Lage – egal, wie fatal sie zur Zeit sein mag – nach Ihren ureigenen Bedürfnissen selbst gestalten können. Sie haben unzählige Möglichkeiten, um das Beste (und noch ein bisschen mehr) daraus zu machen. Ich drücke Ihnen dafür beide Daumen!

Herzlichst Ihre

Die Hände sollen die Diener eines edlen Geistes und die Boten eines liebenden Herzens sein.

Kleine Mudra-Kunde

Der Begriff *Mudra* stammt aus dem Sanskrit und bedeutet Siegel. Wenn man das Wort in Silben aufgliedert, steht die Silbe *mud* sinngemäß für »Freude« und *ra* für »auslösen«. Salopp ausgedrückt heißt das: Eine Mudra ist ein Siegel, das Freude bringt.

Mudras sind Gesten der Hände und Finger, die man seit Urzeiten auf der ganzen Welt kennt. Alles, was Menschen denken und fühlen, drücken sie mit entsprechenden Gesten aus – sei es nun im Alltag oder während der Meditation bzw. während des Gebets. Es gibt zwar auch Körperhaltungen, Zungen- und Augenstellungen, die im Yoga als Mudras bezeichnet werden. Darauf werde ich in diesem Buch jedoch nicht eingehen.

Im östlichen Kulturkreis werden die Mudras schon seit unzähligen Jahren zu Heilungszwecken eingesetzt. Innerhalb der Familien werden sie von Generation zu Generation weitergegeben. Auch die alten Völker von Nord-, Mittel- und Südamerika kannten die heilenden Handstellungen und -massagen. Das Mentaltraining, die Kinesiologie und das Brain-Gym (Gehirngymnastik) hierzulande verwenden ebenfalls Mudras zur Beeinflussung geistiger und seelischer Prozesse – sei es zur Aktivierung oder zur Entspannung des Gehirns. Von großer Bedeutung sind die Mudras auch bei den sakralen Tänzen im Hinduismus. Hier werden durch die Hände ganze Dramen dargestellt – jede Geste ist eine klare Aussage und drückt das entsprechende Gefühl aus.

Auch Bilder und Skulpturen stellen Buddha, die indischen Götter, Christus und die Heiligen oft mit zu Mudras geformten Händen dar. Sie zeigen Lehr- und Schutzgesten oder Handstellungen, die Segnung, Vergebung, Zuneigung und Sammlung symbolisieren. Mudras geben sakralen Handlungen, die Priester im Osten wie im Westen ausführen, Kraft und Ausdruck. Aber *auch wir* können unsere Gebete mit Mudras unterstreichen und ihnen damit mehr Gewicht geben, um innere Leichtigkeit und Heilung zu erlangen.

Mudras spiegeln unsere Gefühle und Gedanken wider. Umgekehrt können wir mit den Mudras aber auch unsere Gedanken und Gefühle im positiven Sinn beeinflussen.

Interessant ist, dass Mudras oft ganz unbewusst gemacht werden – und zwar genau die richtige Mudra zur richtigen Zeit. Es scheint, als ob dem Körper eine autonome Weisheit innewohnen würde, die immer die beste Ausdrucksmöglichkeit sucht und findet. Und noch etwas ist bemerkenswert: Wenn wir unsere eigenen unbewussten Gesten und Handstellungen oder die anderer Menschen einmal genau beobachten, während wir miteinander kommunizieren, erkennen wir auch ohne viel psychologisches Wissen, welche Gedanken uns selbst oder anderen gerade durch den Kopf gehen und welche Stimmung vorherrscht. Die Hände lügen nicht. Sie »verraten« uns oder unsere Gesprächspartner, wenn das Äußere nicht mit dem Inneren übereinstimmt. Achtsamkeit unseren Handgesten gegenüber kann uns also auch helfen, einer unbewussten Selbstlüge auf die Schliche zu kommen. Dann können wir uns der Wahrheit stellen, entsprechend »handeln« und mit uns selbst einen neuen »Handel« abschließen.

Das Gute liegt auf der Hand!

Wie wirken und was bewirken Mudras?

Jede Mudra wirkt auf *Körper, Geist und Seele* ein. Da jede Körperfunktion auch Einfluss darauf hat, was wir empfinden, wie wir uns fühlen und was wir denken, profitieren alle drei Ebenen davon. In der chinesischen Medizin ist schon lange bekannt, dass die einzelnen Organe Gefühle und Gedanken beeinflussen können. Ob die Energie eines Organs schwach oder stark ist, wirkt sich auf das Fühlen und Denken des Menschen aus. Umgekehrt können jedoch auch unsere Gedanken und Gefühle unseren Organismus stärken oder schwächen. Daher sollten wir immer wieder unsere Denk- und Verhaltensweisen überprüfen.

Mudras für die körperliche Ebene

Mudras wirken hauptsächlich auf der energetischen Ebene auf den Körper ein, und zwar über jene Energiebahnen, die in Indien *Nadis* und in der chinesischen und japanischen Medizin *Meridiane* genannt werden. Da die wichtigsten Meridiane in die Hände und Finger (bzw. Füße und Zehen) verlaufen und hier ihre Anfangs- bzw. Endpunkte haben, kann also tatsächlich jedes Organ durch das Massieren und Drücken des entsprechenden Fingers oder Handbereichs behandelt werden.

Handreflexzonen

Im Folgenden möchte ich Ihnen drei Systeme der Handreflexzonen vorstellen. Sie werden sehen, dass die Zuteilung der Zonen in jedem System etwas unterschiedlich gehandhabt wird. Das heißt jedoch nicht, dass das eine System besser ist als das andere, sondern besagt nur, dass die Massage oder der Fingerdruck auf verschiedenen Energiefrequenzen wirkt.

Die taoistische Zuteilung der Organe und Körperbereiche

Jeder Bereich des Körpers und jedes Organ findet im taoistischen System der Handreflexzonen in der Hand seine Entsprechung.

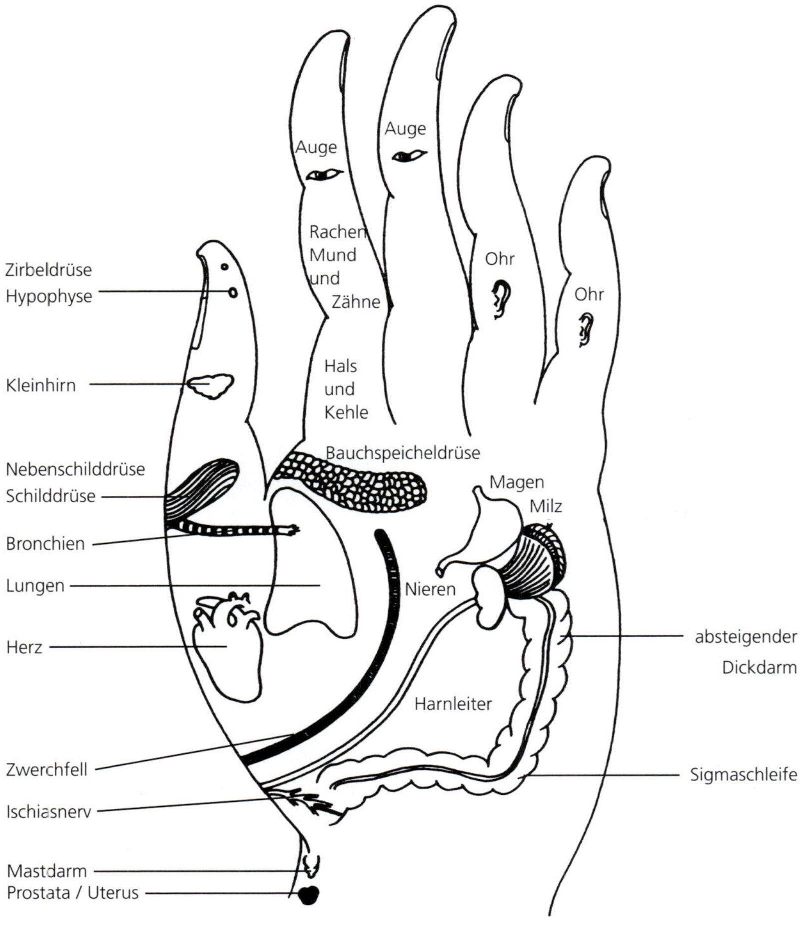

Die Fünf-Zonen-Lehre

Auch die Fünf-Zonen-Lehre zeigt auf, dass der ganze Körper in der Hand angelegt ist. So können die Heilmassagen entsprechend eingesetzt werden. Ähnlich wie der Globus in Längen- und Breitengrade aufgeteilt wird, legt die Fünf-Zonen-Lehre eine Art Raster mit Längs- und Querzonen über den Körper. Alle Zonen beginnen in einem der fünf Finger bzw. Zehen. Körperbereiche und Organe, die sich innerhalb einer Zone befinden, reagieren auf die Massage des entsprechenden Fingers oder Handteils bzw. Zehs oder Fußteils.

Die erste Querzone (A) umfasst am Körper den Kopf und den Halsbereich, in der Hand die Finger und die Fingergrundgelenke. Die zweite Querzone (B) bezieht sich am Körper auf den Brust- und Oberbauchbereich, in der Hand auf die Mittelhand. Die dritte Querzone (C) umfasst am Körper den Bauch- und Beckenbereich, in der Hand das Handflächenende und die Handwurzelknochen. Auf der Handrückseite finden wir zusätzlich den Hüft-, Bein- und Kniebereich bei den Handwurzelknochen.

Die Längszonen werden gemäß den Fingern eingeteilt. Zone eins verläuft längs des Daumens zur Körpermitte hin. Zone zwei umfasst den Zeigefinger, Zone drei den Mittelfinger, Zone vier den Ringfinger und Zone fünf den kleinen Finger.

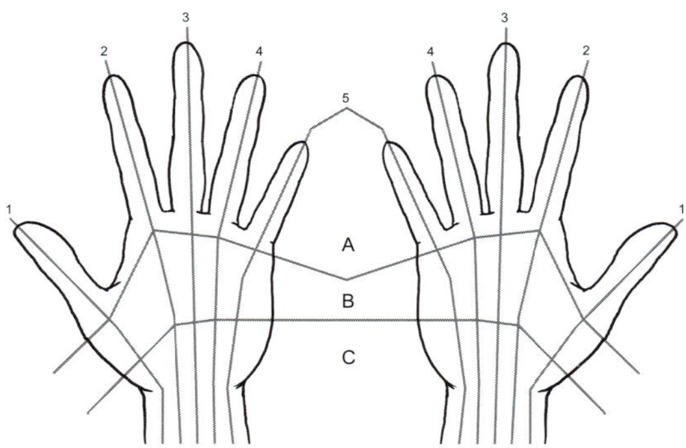

Reflexzonen nach Dr. Devendra Vora

Die beiden Illustrationen auf Seite 20/21 zeigen Ihnen ein System der Handreflexzonen, das dem der Fußreflexzonen entspricht. Eine Behandlung nach diesem System wird neuerdings sogar in einzelnen Krankenhäusern in der Schweiz angeboten. Als Begründer der modernen Reflexzonen-Therapie gilt Dr. William H. Fitzgerald (1872–1942). Seine Forschungsarbeit beruht u.a. auf Funden von beschrifteten Steintafeln der alten Inkas und Mayas. Dr. Devendra Vora aus Bombay hat sich in Indien ebenfalls ausgiebig mit dem altüberlieferten Wissen um die Reflexzonen befasst und konnte damit bereits bei vielen Krankheiten erstaunliche Heilungserfolge erzielen. Jedem Organ ist in der Hand eine bestimmte Zone zugeordnet, die durch Massage oder durch die Haltung einer Mudra stimuliert wird; so kann die Energie des entsprechenden Organs neu aufgebaut und aktiviert werden. Die Methode von Dr. Vora wird in dem Buch *Hände gut – alles gut* von E. Th. Tschoepke (Ch. Falk Verlag) vorgestellt.

Wie Sie auf den Abbildungen sehen, gibt es neben den Organzonen auch Punkte für die endokrinen Drüsen und die Nervenzentren, die sowohl für unsere Gesundheit als auch für unser Wohlbefinden eine große Rolle spielen. Die Organe der rechten Körperseite sind an der rechten Hand und die Organe der linken Körperseite an der linken Hand vertreten. Alle zentral angeordneten Organe, Drüsen und Körperbereiche (Magen, Solarplexus, Rückgrat, Nacken, Nerven) haben an beiden Händen ihre Entsprechung und werden an beiden Händen *gleich lang* massiert.

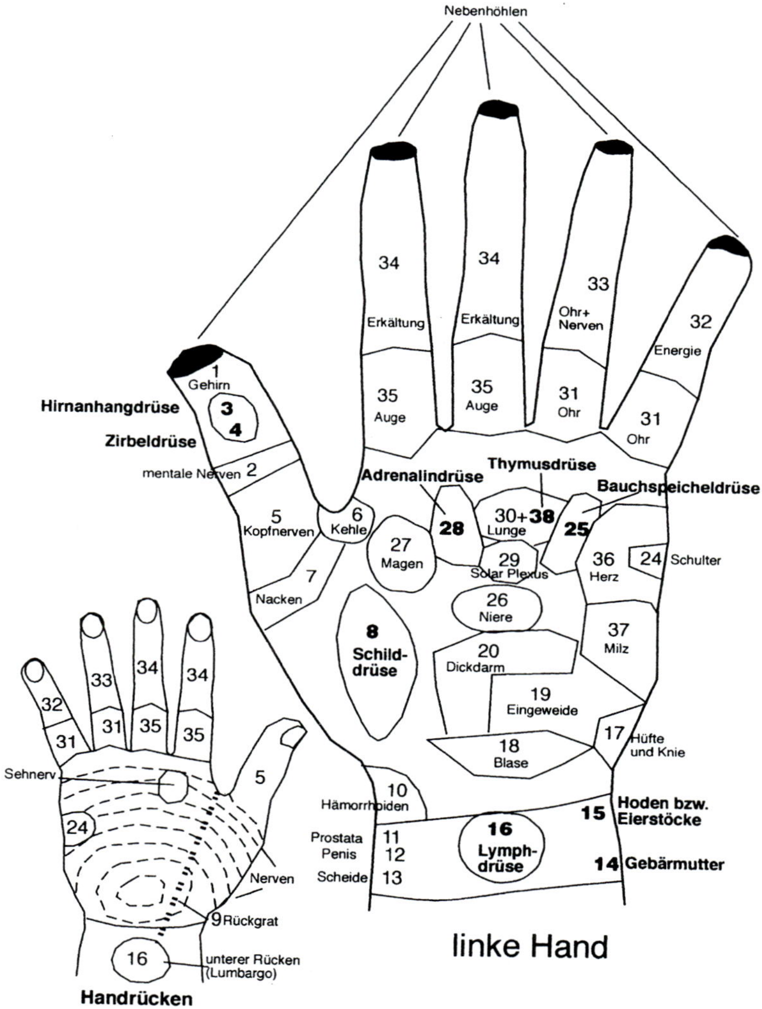
Nebenhöhlen
34
Erkältung
34
Erkältung
33
Ohr+ Nerven
32
Energie
1
Gehirn
Hirnanhangdrüse
3
4
Zirbeldrüse
35
Auge
35
Auge
31
Ohr
31
Ohr
mentale Nerven 2
Adrenalindrüse
Thymusdrüse
Bauchspeicheldrüse
5
Kopfnerven
6
Kehle
27
Magen
28
30+38
Lunge
25
29
Solar Plexus
36
Herz
24
Schulter
7
Nacken
26
Niere
8
Schilddrüse
20
Dickdarm
37
Milz
19
Eingeweide
17
Hüfte und Knie
18
Blase
10
Hämorrhoiden
15
Hoden bzw. Eierstöcke
Prostata 11
Penis 12
Scheide 13
16
Lymphdrüse
14
Gebärmutter
linke Hand
32
33
34
34
31
31
35
35
Sehnerv
5
24
Nerven
9 Rückgrat
16
unterer Rücken (Lumbargo)
Handrücken

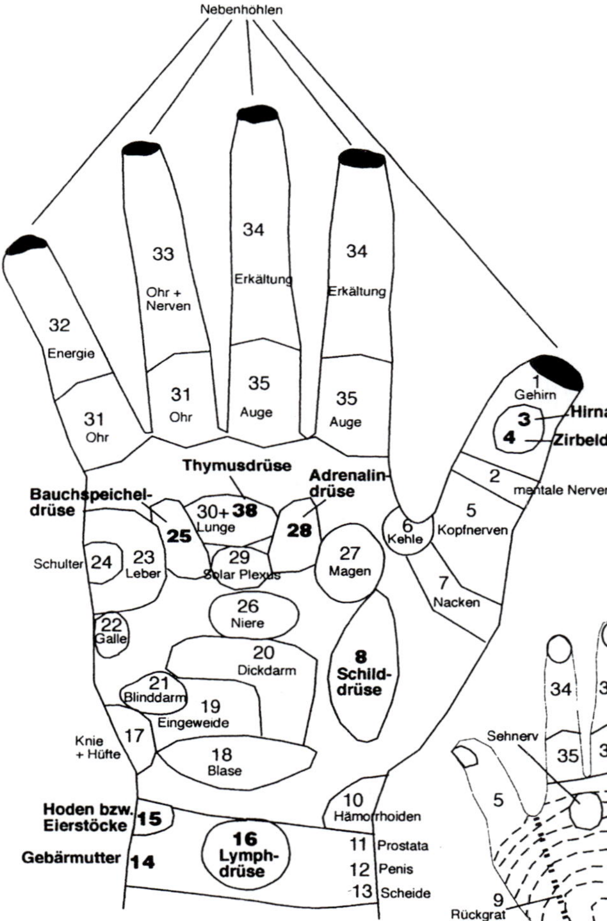

rechte Hand

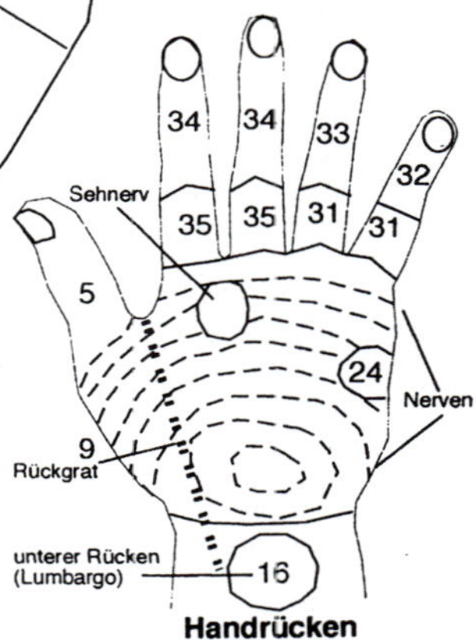

Handrücken

Reflexzonenmassage

- Massieren Sie die Hände mit leichtem Druck, als würden Sie sie waschen oder eincremen.
- Reiben Sie die Innenflächen der Hände kräftig aneinander, danach die Handkanten innen und außen und zum Schluss die Handwurzeln.
- Legen Sie die flache Daumen- oder Zeigefingerkuppe auf den entsprechenden Punkt und machen Sie eine »pumpende« Bewegung (ca. 50-mal). Der Druck braucht nur so stark zu sein, dass Sie ihn auch spüren.
- Wollen Sie einen Drüsen- oder Nervenpunkt massieren, dann drücken Sie mit der Spitze des Daumens bzw. des Zeigefingers und halten den Druck länger, da diese Punkte etwas tiefer liegen.

Mudras für die mentale Ebene

Es ist spannend zu entdecken, was wir mit den Händen alles für unseren Denkapparat, unser Gehirn, tun können. Die ersten Mudras habe ich schon vor 35 Jahren als Fingerspiele für Kleinkinder und lernbehinderte Kinder kennen gelernt und eingesetzt. Je geschickter und beweglicher die Hände sind, umso differenzierter ist zumeist auch das Denken (es gibt natürlich Ausnahmen). Weiteren Handstellungen bin ich in der Kinesiologie, im Mentaltraining für Manager und im Brain-Gym (Gehirngymnastik) begegnet.

Diese Handstellungen zu praktizieren und zu spüren, wie schnell ich dadurch geistig wieder fit werde, macht mir besonders viel Spaß. Wenn ich diese Tricks dann in Kursen weitergebe, ist das positive Echo immer groß.

Achten Sie einmal auf die Hände der Menschen, denen Sie begegnen. Sind die Hände stark, beweglich und geschickt, dann zeichnet sich zumeist auch der Geist durch ein gutes Erinnerungsvermögen, Klarheit, Beweglichkeit, Intelligenz und Logik aus. Bei uns in der Schweiz werden im Rahmen der Altenbetreuung sogar entsprechende Tests mit älteren Menschen gemacht, um herauszufinden, ob sie geistig noch fit sind.

Kleiner Tipp *Pflegen Sie ein Hobby, bei dem Fingergeschicklichkeit und starke, bewegliche Hände gefragt sind (Haus-, Garten- oder Handarbeit eignet sich ideal dafür) oder spielen Sie ein Instrument. Das hält Sie zugleich auch geistig frisch.*

Jetzt möchte ich Ihnen eine kleine Blitz-Massage (90 Sekunden) vorstellen, die Sie im Büro auch einmal schnell zwischendurch machen können, wenn Sie geistig fit sein müssen.

Fingermassage für geistige Frische

- Umfassen Sie den Daumen mit den Fingern der jeweils anderen Hand und machen eine Drehbewegung, als wollten Sie den Zapfen aus einer Flasche ziehen. Dasselbe machen Sie mit den anderen Fingern.
- Nun massieren Sie mit dem Daumen in 6 Kreisbewegungen die Wurzelglieder der Zeige-, Mittel-, Ring- und kleinen Finger beider Hände.
- Massieren Sie nun den unteren Teil beider Zeigefinger (je ca. 6 Sekunden), danach den oberen Teil und die Spitze.
- Zum Abschluss massieren Sie den oberen Teil der beiden kleinen Finger.

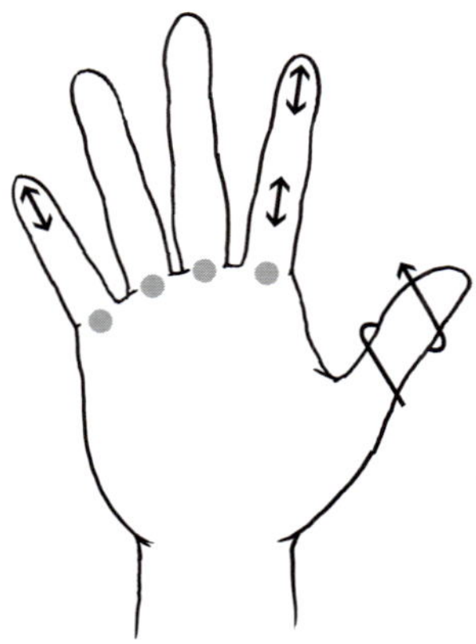

Mudras für die emotionale Ebene

Während der langen Zeit meiner Genesung habe ich die Mudras hauptsächlich praktiziert, um mich »bei Laune zu halten«, wie man so schön sagt. Ich weiß nicht, wie ich diese vielen Wochen, die ich ausschließlich in der Rückenlage verbringen musste, sonst überstanden hätte. Dank der Mudras konnte ich mich jedoch jederzeit neu »stimmen« wie ein Instrument, und dementsprechend war dann auch die Musik. Wir können tatsächlich auf unsere Stimmungen einwirken, wir sind ihnen nicht hilflos ausgeliefert – ist das nicht wunderbar?

Viele negative Stimmungen (Depressionen, Aggressionen, Angst, Müdigkeit) sind ein Anzeichen für *zu wenig Bewegung, zu wenig Ruhe und zu flachen Atem.* Nehmen wir uns Zeit für eine Mudra und konzentrieren wir uns auf den vertieften Atem, werden wir bald merken, wie sich auch unsere Stimmung verändert: Eine kraftvolle Ruhe breitet sich in uns aus, woraus sich eine ruhevolle Kraft aufbaut. Während wir eine Mudra halten, finden wir vielleicht auch endlich die Zeit und die Ruhe, einmal über unseren Alltag, unsere Arbeit, unsere Verpflichtungen oder unsere Beziehungen nachzudenken. Dann können wir die »not-wendigen« Veränderungen vornehmen.

Selbst wenn negative Stimmungen häufig von äußeren Umständen ausgelöst werden, dürfen wir nicht vergessen, dass unser Wohlbefinden auch maßgeblich von unserer inneren Chemie abhängt. Es würde den Rahmen dieses Buches sprengen, wenn ich aufzeigen wollte, welche Substanzen und Hormone der Körper ausschütten muss, damit wir uns leicht und beschwingt statt schwer und deprimiert fühlen. Sollten Sie sich für dieses Thema interessieren, können Sie in dem Buch *Körpereigene Drogen* von Josef Zehentbauer Näheres dazu erfahren.

Neben der Finger- und Handstellung spielen auch Atmung, Imaginationen und Bejahungen eine wichtige Rolle. Was beim Halten der entsprechenden Mudra noch beachtet werden sollte – beispielsweise unsere innere Einstellung, die neu überdacht werden sollte – und kleine Tipps habe ich bei der Beschreibung der einzelnen Mudras aufgeführt.

Jede Mudra hat im Zusammenhang mit dem optimalen Atem einen positiven Einfluss auf die Ausschüttung der körpereigenen Drogen. Wir haben eine Art innere Schaltung, die darauf angelegt ist, dass wir uns wohl fühlen. Oft ist durch unsere Lebensweise – Stress, ungesunde Essgewohnheiten, Mangel an Flüssigkeit, Luft, Sonne und Bewegung – diese innere Schaltung jedoch einfach überstrapaziert. Mit den Mudras haben wir es buchstäblich selbst in der Hand, wieder ins Lot zu kommen.

Im Tao-Yoga werden den Fingern folgende Gefühle zugeordnet:

Daumen: Sorge
Zeigefinger: Trauer
Mittelfinger: Ungeduld, Rastlosigkeit
Ringfinger: Ärger, Wut
Kleiner Finger: Angst und Furcht

Ich möchte Ihnen jetzt eine wunderbare Mudra für Kraft im Herzen, Zufriedenheit, Liebe und Zuversicht zeigen:

- Stellen Sie sich mit leicht gegrätschten Beinen und leicht gebeugten Knien hin.
- Halten Sie die Arme so, als wollten Sie einen Baum umarmen (10 bis 30 Sekunden).
- *Bejahung: Ich liebe die Welt und die Welt liebt mich.*
- Danach halten Sie die Hände mit gekreuzten Fingern vor die Brust (60 bis 90 Sekunden).
- *Bejahung: Meine Hingabe an das Göttliche, das mich geschaffen hat und mich liebt, gibt mir unerschütterliche Zuversicht in allem.*

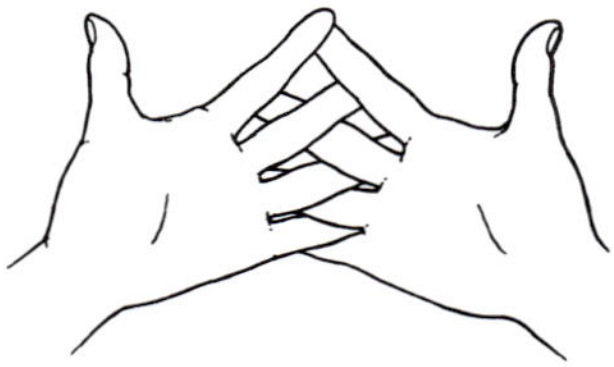

In der Hand spiegeln sich die tiefsten Gründe von Geist und Seele.

Zuordnung von Charaktereigenschaften zu den Fingern

Die Kunst, aus der Hand zu lesen, ist weit verbreitet. Charakterstärken und -schwächen zeigen sich in den Händen, und sogar der Lebensverlauf soll dort weitgehend vorgezeichnet sein. Um seine eigenen Schwächen und Stärken besser kennen zu lernen, kann die Handlesekunst ein vorzügliches Mittel sein – als Zukunftsorakel halte ich sie jedoch eher für gefährlich. Die Zuordnung der persönlichen Eigenschaften zu den einzelnen Fingern ist allerdings sehr interessant:

Daumen: Willenskraft, Durchsetzungsfähigkeit, Triebhaftigkeit, Intuition
Zeigefinger: Selbstwertgefühl, Eigenständigkeit, Geltungsanspruch, Ehrgeiz, Autorität, Selbsteinsicht, Verstand, Inspiration, Zukunftsorientierung
Mittelfinger: Tatkraft, Materialismus, Rationalismus, Beharrlichkeit, Verantwortung, Gewissenhaftigkeit, Verpflichtung, Stabilität, Zurückgezogenheit, Besinnung, innere Balance
Ringfinger: Schönheitssinn, Kreativität, Sinnlichkeit, Idealismus, Herzlichkeit, Genussfreude, seelische Bindungsfähigkeit, Bezug zur Umwelt
Kleiner Finger: Kommunikation, Rhetorik, Wissensdrang, Gewandtheit, Geschäftssinn, Hellsichtigkeit, Anpassung, Sexualität, Spiritualität

Die Sprache unserer Hände
sei edel, kraftvoll und freundlich.

So machen Sie es richtig

Um es gleich vorwegzunehmen: Die Praxis der Mudras ist einfach. Der Druck der Hände oder der Finger, die aneinander liegen, ist immer sanft. Es fühlt sich an, als würde die Anziehungskraft zweier Magneten die Finger bzw. die Hände zusammenhalten.

Die beschriebenen Mudras sind alle einfach und sollten für jeden machbar sein. Achten Sie darauf, dass Sie beim Halten der Mudras entspannt bleiben; Sie können dabei auch die Augen schließen. Wenn Sie ermüden, legen Sie einfach eine Pause ein, das heißt, Sie lassen die Arme sinken, lösen die Mudra kurz auf und nehmen die Haltung dann wieder neu ein. Sie können die Mudras *im Stehen, im Gehen, im Sitzen* und *im Liegen* praktizieren.

Im Stehen: Nehmen Sie eine zentrierte, aufrechte und entspannte Körperhaltung ein. Die Füße sind nach vorn ausgerichtet, hüftbreit auseinander gestellt und die Knie leicht gebeugt.

Im Gehen: Achten Sie auf einen gleichmäßigen, ruhigen und rhythmischen Gang.

Im Sitzen: Wenn Sie auf einem Stuhl – und zwar auf der vorderen Stuhlkante – sitzen, sollten die Füße flach auf dem Boden aufliegen und nach vorn ausgerichtet sein. Dadurch sind Sie gut geerdet, können also die stabilisierende, regenerierende und zentrierende Kraft der Erde am besten aufnehmen. Wenn Sie die Mudras im *Schneidersitz* oder im *Meditationssitz* ausführen, sollten beide Fußaußenkanten auf dem Boden aufliegen, denn auch das begünstigt das Einfließen der Erdenergie. *Achten Sie darauf, dass Sie entspannt und aufrecht sitzen und den Blick geradeaus gerichtet haben.* In dieser Haltung können die inneren Energien optimal zirkulieren. Wenn Sie müde werden, können Sie einen Augenblick in sich zusammensinken und sich dann wieder neu aufrichten. Als positiven

Nebeneffekt werden Sie feststellen, dass diese Sitzhaltung Ihren Rücken stärkt. Sie werden immer länger auch ohne Lehne aufrecht sitzen können, ohne zu ermüden.

Im Liegen: Möchten Sie die Mudras im Liegen machen, legen Sie sich auf den Rücken, entspannen sich und achten darauf, dass der Körper gleichmäßig ausgerichtet ist. Am besten schieben Sie ein Polster unter die Kniekehlen und ein Kissen unter den Kopf (nicht unter den Nacken). So sind alle Gelenke leicht gebeugt, was den Energiefluss im ganzen Körper positiv beeinflusst.

Auch *im Krankenbett,* wo Ihre Bewegungsmöglichkeiten eingeschränkt sind, in schwierigen Situationen *im Büro* oder *bei Prüfungen* können Sie auf die Mudras zurückgreifen.

Im Krankenbett: Sollten Sie zu krank oder schwach sein, um eine dieser Stellungen einzunehmen, dann machen Sie die Mudras einfach so, wie es Ihnen eben möglich ist. Können Sie eine Mudra nicht mit beiden Händen halten, dann formen Sie sie mit der einen und geben ihr Halt mit der anderen Hand; Sie können die Hand auch von einer anderen Person halten lassen.

Mudras im Büro und bei Prüfungen: Viele Mudras können Sie auch ganz unauffällig zwischendurch machen, denn der Aufwand ist ja gering. Vor einer wichtigen Entscheidung oder auch vor oder während einer Prüfung können einige ruhige Sekunden ausgesprochen hilfreich sein. Im Notfall praktizieren Sie die Mudra am stillen Örtchen. Wenn Sie sehr aufgeregt und unruhig sind, kann es auch helfen, wenn Sie vor dem anstehenden Ereignis mit flottem Schritt einmal um den Block herummarschieren und dabei die Mudra halten.

Für den Normalfall möchte ich Ihnen aber folgende Regeln ans Herz legen:

Machen Sie Ihre Mudra-Praxis zu einem heiligen – und heilsamen – Ritual. Richten Sie dabei Ihre volle Achtsamkeit auf die Massage bzw. auf die Handstellung und auf den Atem. Sie können die ganze Zeit über die Achtsamkeit auf den Atem beibehalten oder nach etwa 10 bis 15 Atemzügen zur Imagination und/oder zur Bejahung übergehen. Oder Sie denken über das entsprechende Thema nach: Dann aber bitte auf positive Weise, indem Sie Ursachen für Probleme aufdecken und nach Lösungen suchen.

Dass Sie die Mudras in aller Stille in einer schönen und angenehmen Umgebung ausführen, trägt wesentlich zum Gelingen bei. Zusätzlich stehen Ihnen jedoch noch viele andere Möglichkeiten offen, die ich Ihnen hier kurz aufzeigen möchte. Wichtig dabei ist, dass Sie Ihre »Hilfsmittel« nicht allzu oft wechseln, da Ihr Unterbewusstsein auf Wiederholungen besonders positiv reagiert. Sie wollen mit einer Mudra ja eine positive, heilsame Wirkung im körperlichen, geistigen und/oder seelischen Bereich erreichen; dazu ist jedoch meistens eine regelrechte »Kur« erforderlich, und die einzelnen »Anwendungen« sollten konsequent beibehalten werden.

Musik: Hören Sie die passende Musik oder einfach Ihr Lieblingsstück.
Singen: Mit Singen können Sie etwas von innen nach außen bringen.
Tanzen: Tanzen kann Ihnen den nötigen Schwung und eine gewisse Leichtigkeit vermitteln.
Farben: Die Farben Ihrer Kleidung und der Gegenstände, die Sie umgeben (Kerzen, Kissen, Tücher usw.), beeinflussen Ihre Stimmung und wirken ganzheitlich heilend und regenerierend.
Steine und Kristalle: Wenn Sie sie in den Händen halten oder neben sich legen, können Sie ihre Ausstrahlung spüren.
Düfte: Düfte regen das Stammhirn an, das eng mit den heilenden und regenerierenden Kräften zusammenarbeitet und positiv auf Gefühle und Gedanken einwirkt.

Wie lange halten Sie eine Mudra?

Ganz bewusst habe ich bei den Mudras weitgehend auf Zeitangaben verzichtet. Denn in meiner langjährigen Praxis musste ich feststellen, *dass die Zeit, die wir uns für eine Mudra nehmen sollten, individuell sehr unterschiedlich ist.* So möchte ich Ihnen hier nur einige Richtlinien vermitteln:

- Bei akuten Körperbeschwerden halten Sie eine Mudra, bis die gewünschte Wirkung eingetreten ist.
- Bei chronischen Beschwerden praktizieren Sie eine Mudra dreimal täglich, das heißt morgens, mittags und abends. Sie fangen mit 3 oder 5 Minuten an und fragen dann nach innen, welche Zeit für Sie die richtige ist – die Antwort kommt bestimmt. Dabei ist Regelmäßigkeit sehr wichtig. Machen Sie mit sich selbst eine bestimmte Zeitdauer aus und bleiben Sie einige Tage lang dabei.
- Wollen Sie eine Mudra nur kurz zwischendurch einschieben, dann sind 7, 14 oder 21 Atemzüge ein gutes Zeitmaß.

Die Zeitangaben anderer Mudra-Experten reichen von 15 Sekunden bis zu 45 Minuten. Ich selbst praktiziere die Mudras zwischen 3 und 20 Minuten. Probieren Sie einfach aus, was Ihnen am besten bekommt.

Kleiner Tipp *Damit Sie sich nicht um die Zeit kümmern müssen, legen Sie die Dauer am besten mit einer Eieruhr fest. Eine Armbanduhr mit Signalfunktion eignet sich nur, wenn Sie die Uhr nicht tragen, weil elektronische Uhren das Energiefeld negativ beeinflussen.*

Wann wirkt eine Mudra?

Wie viele Tage oder Wochen braucht nun eine Mudra, bis sie wirkt? Jede Heilung ist ein Prozess, und der braucht seine Zeit. Diesen Verlauf können Sie nur bedingt beeinflussen. So kann es vorkommen, dass Sie eine Mudra über Wochen oder Monate hinweg praktizieren müssen, bis ein körperlicher

Heilungsprozess abgeschlossen ist. Geht es um seelisch-geistige Veränderungen, kann man eher eine genauere Zeitprognose wagen. *21 bis 42 Tage dauert es gewöhnlich, bis Veränderungen und Neuerungen im emotionalen oder mentalen Bereich vollzogen sind.* Wenn wir eine alte Gewohnheit aufgeben oder uns eine neue Verhaltensweise aneignen wollen, dauert es also mindestens 3 Wochen, bis sich unsere inneren Strukturen entsprechend verändert und neu angepasst haben.

Mudras können auch eine *Erstverschlimmerung* auslösen: zum Beispiel in Form von Hitzewallungen, Schüttelfrost, Traurigkeit, Aggressionen oder Müdigkeit. Lassen Sie diese Reaktionen zu. Solch eine Entwicklung kann nämlich ein Hinweis darauf sein, dass sich innerlich etwas tut, dass eine Heilung und/oder Neuausrichtung stattfindet. So, wie ich die Mudras beschrieben habe, wirken sie im Allgemeinen auf sanfte Weise. Trotzdem: Jeder Mensch ist anders und verspürt auch die Wirkung anders. Achten Sie also gut auf sich selbst!

Ganz wichtig ist, dass Sie diffuse Schmerzen oder ein Gefühl des Unwohlseins unbedingt von einem Arzt abklären lassen. Sind Ihre Beschwerden ausschließlich stressbedingt, dann liegen Sie mit den Mudras goldrichtig, wenn Sie zudem die Planung Ihrer Aufgaben und Pflichten einmal gründlich überdenken. Sollten Sie eine ärztliche Behandlung brauchen, dann können die Mudras auch zur Unterstützung des Heilungsprozesses wirkungsvoll eingesetzt werden.

Wie viele Mudras können Sie pro Tag praktizieren?

Wer ein neues Mudra-Buch in den Händen hält, möchte vielleicht vor lauter Begeisterung gleich für sämtliche Organe und Körperbereiche die entsprechenden Mudras ausprobieren. Davon möchte ich Ihnen jedoch abraten. Machen Sie morgens eine Mudra, damit Sie gut aus dem Bett kommen, falls nötig eine nach dem Essen für die Verdauung, zwischendurch eine Mudra für gute Stimmung und geistige Frische und abends dann noch eine, damit

Sie gut schlafen. *Für ein körperliches oder geistig-seelisches Problem wählen Sie nur ein bis zwei Mudras aus, die Sie während etwa 21 Tagen ganz regelmäßig zum Beispiel 3, 5, 7, 10 oder 21 Minuten lang praktizieren.* Sie können selbstverständlich auch einen ganz speziellen Mudra-Zyklus für sich zusammenstellen, eine Anleitung dazu finden Sie auf Seite 182.

Handmassage zur Mudra-Vorbereitung

Eine Handmassage kann ich Ihnen gar nicht genug ans Herz legen – sei es, bevor Sie eine Mudra praktizieren, oder auch einfach mal schnell zwischendurch. Bei vielen Mudras schlage ich Ihnen daher eine Mini-Massage zur Vorbereitung vor. Dabei können Sie eigentlich nichts falsch machen, es sei denn, Sie drücken, reiben, klopfen oder ziehen zu heftig – also unsensibel und lieblos – und zu lange. *30 bis 60 Sekunden genügen völlig.* Mit dieser kleinen Massage können Sie die Hand- und Fingerbereiche, die beim Halten der Mudra gepresst werden, schon im Vorfeld dafür sensibilisieren.

Handmassagen haben immer eine ganzheitliche Wirkung: Sie machen nicht nur die Hände geschmeidig, beweglich und kräftig, sondern bewirken zudem, dass diese positiven Eigenschaften sich auf den ganzen Körper und auf das Gehirn übertragen. Somit können wir mit einer Handmassage auch unsere mentalen Strukturen und unsere Emotionen positiv beeinflussen. Wir »denken« gewissermaßen mit den Händen und unsere Hände drücken unsere Stimmung aus. Mit dem *Bewegen oder Halten der Hände können wir also unser Denken und Fühlen verändern.* Weitere Massage-Tipps finden Sie in meinem ersten Mudra-Buch *Mudras – Yoga mit dem kleinen Finger.*

Hastas – Armstellungen

Bestimmte Armstellungen können die Wirkung einer Mudra verstärken. Sie sollten aber nicht zu Nacken- und Schulterverspannungen führen, denn damit würde ja auch der Energiefluss beeinträchtigt. *Arme und Schultern sollten dabei also ganz entspannt sein.* Wenn Sie ermüden, lassen Sie die

Ich bin dein Atem:
Behandle mich gut und
ich handle richtig.

Atmung

Die Atmung ist für unsere Gesundheit und unser Wohlbefinden von größter Bedeutung. Und das Schöne daran ist: Auf den Atem können wir einwirken – und damit auch auf unsere Gesundheit und unser Wohlbefinden. Wenn wir uns konzentrieren, freuen, körperlich betätigen, langweilen, abhetzen oder ärgern, wenn wir aufgeregt oder traurig sind, atmen wir entsprechend. Der Atem passt sich immer unserer Stimmung an und auch jede unbewusste Körperfunktion ist mit ihm verbunden. *Die Atemmethoden, mit denen wir uns jetzt befassen werden, bringen Ruhe und Entspannung, bauen Kraft auf und gleichen jedes Zuviel oder Zuwenig aus.*

Der bewusste, langsame, rhythmische und feine Atem verstärkt die Wirkung jeder Mudra. Die beiden Pausen – nach dem Einatmen und nach dem Ausatmen – sind besonders wichtig. Während der Pause nach dem Einatmen nimmt der Sauerstoffgehalt des Blutes zu, was für jede Körperzelle, für die Funktion des Gehirns und somit auch für unsere Stimmungslage eine zentrale Rolle spielt. Während der Pause nach dem Ausatmen werden die feinen inneren Energien aufgebaut.

Halten Sie sich bei der Atmung an folgende Grundregeln:

Die Atmung erfolgt immer durch die Nase.
Sie atmen tief ein und spüren, wie sich Bauch und Brust etwas nach außen wölben, halten den Atem 2 bis 3 Sekunden an und atmen langsam wieder aus, indem Sie die Bauchdecke bewusst etwas anziehen.
Nun warten Sie geduldig, bis der nächste Atemimpuls kommt, atmen dann wieder tief ein usw.

Sie atmen immer in Ihrem ureigenen Rhythmus und Ihr Atem ist und bleibt tief, gleichmäßig, langsam und fein.

- Wollen Sie eine Mudra *zur Erfrischung* einsetzen, so verstärken Sie die Einatmung und verlängern die Pause danach.
- Wollen Sie *innere Balance* herstellen, dann achten Sie auf die Regelmäßigkeit von Ein- und Ausatmung.
- Wollen Sie mit einer Mudra *Entspannung* finden und zur *Ruhe* kommen, so verlangsamen und vertiefen Sie die Ausatmung und verlängern die Pause danach.

Erzwingen Sie nichts mit dem Atem. Beobachten Sie ganz gelassen den Rhythmus, und wenn die Gedanken abschweifen, konzentrieren Sie sich einfach wieder auf den Atem.

Nun möchte ich Ihnen einige Atemtechniken zeigen, die Sie bei Bedarf während Ihrer Mudrapraxis einsetzen können:

Power-Atem für geistige Frische

- Nehmen Sie den anfangs beschriebenen Atemrhythmus auf (einatmen – Pause – ausatmen – Pause).
- Zusätzlich spannen Sie nun während des *Einatmens* die Gesäß- und Aftermuskeln an und legen die Zunge an den Gaumen.
- Während des *Ausatmens* lassen Sie jede Spannung los und die Zunge wieder sinken.
- Das Ganze wiederholen Sie 12- bis 48-mal.

Diese Atemtechnik ist gleichzeitig ein sehr effizientes Beckenbodentraining. Sie stärkt die Schließmuskeln der Blase und des Afters und gilt heute als *der* Geheimtipp gegen Blasenschwäche (auf der Toilette nach dem Wasserlassen praktizieren).

Balance-Atem für Ausgeglichenheit, Gleichmut und starke Nerven

- Richten Sie die Achtsamkeit beim *Einatmen* auf das *rechte* Nasenloch (Sie spüren die einströmende Luft) und beim *Ausatmen* auf das *linke* Nasenloch (Sie spüren die entweichende Luft).
- Beim nächsten *Einatmen* richten Sie die Achtsamkeit auf das *linke,* beim *Ausatmen* auf das *rechte* Nasenloch.
- So machen Sie im Wechsel weiter (12- bis 36-mal).
- Den Abschluss bilden mindestens 6 Atemzüge, bei denen Sie die Luft bewusst durch beide Nasenlöcher strömen lassen und wahrnehmen.

Trance-Atem zur Vertiefung der Imaginationen

- Atmen Sie tief ein.
- Senken Sie danach das Kinn zum Brustbein.
- Halten Sie den Atem für einige Sekunden an.
- Heben Sie den Kopf.
- Atmen Sie erst danach wieder aus.
- Das Ganze wiederholen Sie ca. 12-mal.

Bei einigen der folgenden Mudras rate ich Ihnen, anhand von Imaginationen und Bejahungen, die ich Ihnen dort vorschlage, das Unterbewusstsein neu zu programmieren. Das gelingt am besten im Bereich der Alphawellen (leichte Hypnose), und genau dazu verhilft Ihnen diese Atemtechnik. Ganz nebenbei: Mit dieser Technik kann ich innerhalb kürzester Zeit meine Stimmung heben – ich werde dann ein bisschen »high«.

Organ-Atem

- Nehmen Sie den anfangs beschriebenen Atemrhythmus (einatmen – Pause – ausatmen – Pause) auf.
- Lenken Sie nun Ihre Achtsamkeit auf ein inneres Organ und schenken Sie ihm ein liebevolles Lächeln.
- Bleiben Sie einige Atemzüge lang bei dem Organ, dem Sie Energie zukommen lassen möchten, und wenden Sie sich dann dem nächsten zu.
- Dasselbe können Sie auch mit einem schwachen oder kranken Körperteil (zum Beispiel Gelenk) machen. Stellen Sie sich dabei vor, wie Sie zusammen mit dem Lächeln heilende und regenerierende Energie in den betreffenden Körperbereich senden.

Anti-Stress-Atem

- Nehmen Sie den anfangs beschriebenen Atemrhythmus (einatmen – Pause – ausatmen – Pause) auf.
- Spüren Sie nun, wie die Luft durch die Nase einströmt, und stellen Sie sich dabei vor, wie sie durch einen Zylinder in Ihren Bauch strömt. Dabei sehen Sie im Bauch einen Ballon, der sich aufbläht.
- Halten Sie den Atem an und denken Sie dabei »Kraft rein«.
- Dann atmen Sie aus, lassen Brust und Bauch wieder einsinken und denken dabei »Stress raus«.
- Wiederholen Sie das Ganze 5 bis 10 Minuten lang.

Öffne Herz und Hände –
nur so bist du bereit
für die Geschenke des Lebens.

Organisation der Gedanken und Gefühle

Ich kann gar nicht genug betonen, wie wichtig es ist, *was* wir während des Haltens einer Mudra denken und fühlen.

Ideale Voraussetzungen schaffen wir, wenn wir unsere Aufmerksamkeit möglichst lange auf den Atem richten, denn das bringt unsere Selbstheilungskräfte in Schwung und reguliert unser vegetatives Nervensystem, das alle unbewussten Vorgänge im Körper steuert.

Dr. Jon Kabat-Zinn, Autor der beiden Bücher *Gesund und stressfrei durch Meditation* und *Im Alltag Ruhe finden*, konnte dank aufwendiger Untersuchungen nachweisen, dass der heilende und stresslösende Effekt auch dann eintritt, wenn die Gedanken öfters abschweifen. Wir müssen unsere Aufmerksamkeit nur ganz *beharrlich immer wieder auf den Atem* lenken. Diese Erkenntnis kann sehr tröstlich sein, wenn es mit der Konzentration einmal nicht so recht klappen will. In seiner Klinik (Stress Reduction Clinic) in New York konnte Dr. Kabat-Zinn schon vielen Menschen mit chronischen Beschwerden und diversen Zivilisationskrankheiten helfen, die von der Schulmedizin bereits aufgegeben worden waren.

Wesentlich ist auch, dass Sie über die Ursachen Ihres Problems nachdenken und Lösungen dafür suchen. Ich weiß, das ist leichter gesagt als getan, denn oft stoßen wir dabei auf innere und äußere Widerstände, die uns blockieren. Probieren Sie es trotzdem! Sie lassen sich doch nicht unterkriegen!

Dazu noch ein paar Tipps:

- Suchen Sie nie eine endgültige Lösung, denn die gibt es nicht. Geben Sie sich einfach mit einer netten, kleinen Lösung zum Ausprobieren zufrieden.
- Lassen Sie sich vom Verstand nicht mit harten Rat»schlägen« plagen.
- Lassen Sie sich Zeit.

- Klammern Sie jegliche Schuldgefühle von vornherein aus.
- Gehen Sie mit verständnisvoller Liebe und liebevollem Verständnis an die Sache heran.
- Horchen Sie immer nach innen und bitten Sie um innere Führung.

Imaginationen und Bejahungen

Das Gestalten von *Imaginationen* (inneren Bildern) ist eine einfache, aber wirkungsvolle Methode, um unsere ureigenen Energien voll auszuschöpfen. Damit können wir unseren Gesundheitszustand, unser Umfeld und unser Lebensgefühl positiv beeinflussen und so zu mehr Erfolg und Zufriedenheit gelangen. Unsere Vorstellungskraft setzt eine tief greifende Veränderung in Gang, die uns das volle Potential unserer ureigenen Fähigkeiten, Möglichkeiten und Ziele erschließt. Wenn wir eine Mudra ausführen wollen und uns ein paar Minuten Zeit zur inneren Sammlung nehmen, können wir diese Zeit zusätzlich optimal nutzen, indem wir entsprechende Bilder vor unserem inneren Auge entstehen lassen. In diesen Bildern können wir uns das erwünschte Ergebnis ausmalen, eine neue Verhaltensweise ausprobieren, mit entsprechenden Symbolen auf das Unterbewusstsein einwirken und/oder einfach einmal »Kurzurlaub« vom Alltag machen und die Seele baumeln lassen bzw. Kraft tanken.

Das unbewusste Visualisieren ist ein fester Bestandteil unseres Lebens – das tun wir ohnehin den ganzen Tag über –, und unsere inneren Kräfte sind immer darauf ausgerichtet, diese Vorstellungsbilder im äußeren Leben Wirklichkeit werden zu lassen. Stress, Ängste und viele andere negative Gefühle und Stimmungen rufen entsprechend negative Bilder hervor, die wir in Zeiten der inneren Sammlung korrigieren oder sogar ganz umpolen können. Die Bilder, die ich Ihnen zu den Mudras vorschlage, sind zwar sorgfältig ausgewählt, aber trotzdem können Sie sie je nach Wunsch gern abwandeln und Ihren Vorstellungen anpassen. Achten Sie vor allem immer auf Ihre Gefühle: Wenn ein Bild Sie motiviert, öffnet, stärkt, inspiriert und rundum glücklich macht, dann bleiben Sie mindestens 21 Tage dabei.

Zu jeder Mudra biete ich auch eine *Bejahung* oder Affirmation an. Eine Bejahung ist ein machtvolles Instrument, denn damit geben wir unseren inneren Kräften die Anweisung, dies oder jenes in unserem Leben zu verwirklichen. Auch wenn sich dadurch einmal äußerlich nichts tut, gerät doch auf alle Fälle innerlich etwas in Bewegung.

Eine Bejahung können Sie im Rhythmus des Atems denken, flüstern, singen oder sogar schreien. Sie können die entsprechende Bejahung nur einmal zu Beginn oder dreimal zum Schluss aussprechen, wenn Sie eine Mudra ausführen. Auch die Bejahungen dürfen Sie nach eigenen Bedürfnissen abwandeln. Überdenken Sie aber jede Änderung ganz genau; sprechen Sie nur das aus, was Sie wirklich wollen. Vielleicht schreiben Sie sich eine Affirmation zwischendurch ein paar Mal auf und lesen sie sich laut vor, bis sie Ihnen sozusagen in Fleisch und Blut übergegangen ist.

Ganz persönlich möchte ich Sie zum Gebrauch von Imaginationen und Bejahungen ermuntern. Ich gerate immer wieder ins Staunen über die vielen »Wunder«, die dadurch schon in meinem Leben geschehen sind, und über meine eigene Veränderung zum Positiven hin. Ich könnte ein ganzes Buch schreiben über all die großen und kleinen Wunder, die ich dadurch erlebt habe. Mein Mann hat erst letzthin mit einem Lachen gemeint, ich sei ja eine richtige Hexe. Na, was soll's – wenn es mich und andere glücklich macht?

Shakti Gawain, die Autorin von *Stell dir vor – Kreativ visualisieren,* bringt es auf den Punkt, indem sie schreibt: »Jeder Augenblick deines Lebens ist unendlich schöpferisch, und das Universum ist freigiebig ohne Unterlass. Bring eine Bitte nur klar genug zum Ausdruck, und alles, was dein Herz begehrt, wird zu dir kommen.« Gute Bücher zum Thema Visualisieren bzw. zum Gebrauch von Affirmationen, die ich Ihnen ebenfalls empfehlen kann, sind: *Wenn die Seele Urlaub macht – Erfolgreich tagträumen* von Rudolf Riedl, *Kreativ Reichtum schaffen* von Sansya Roman; *Heile deinen Körper* von Louise Hay und *Autosuggestion kurz und praktisch* von Dagmar Müller.

Mudras

für Körper, Geist und Seele

Jede Mudra ist ein Innehalten,
eine Einsicht mit guter Aussicht,
ein Akt der Liebe zu sich selbst,
ein inneres Kraft-Schöpfen –
glückliche Momente, die nichts kosten
und doch das Kostbarste überhaupt sind.

Lehr-Mudra – Mudra der Weisheit

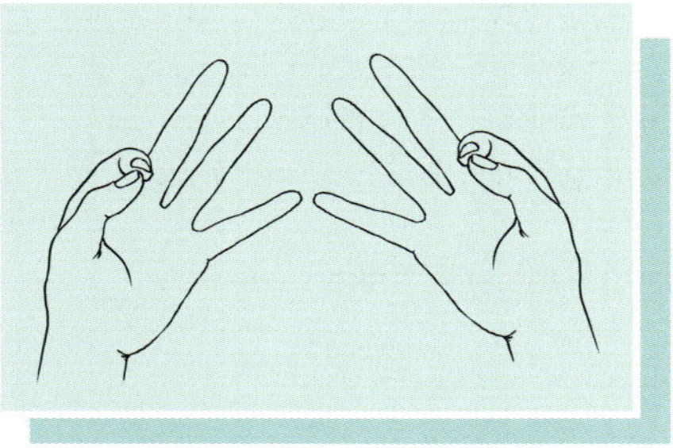

Vorbereitung Sie reiben Zeigefinger und Daumen jeder Hand aneinander und lassen danach Daumen- und Zeigefingerspitze aneinander liegen. Die anderen Finger sind gestreckt. Heben Sie nun die Hände zum Herzen. Kreisen Sie aus den Handgelenken heraus mit den Händen. Dabei strecken Sie die Arme beim Ausatmen nach vorn und führen sie beim Einatmen wieder zurück zum Herzen. Danach strecken Sie die Arme beim Ausatmen nach oben und nehmen sie beim Einatmen zurück zum Herzen, dann nach unten und wieder zurück, nach hinten und wieder zurück – also in alle Richtungen.

Mudra Legen Sie die Hände in der oben beschriebenen Stellung auf die Oberschenkel und begeben sich in die Stille.

Atmung Atmen Sie dabei tief, langsam, rhythmisch und fein. Die Pausen nach dem Ein- bzw. Ausatmen sind etwas verlängert. Spüren Sie dem Atem in Brust und Bauch nach.

Wirkung Diese Mudra ist sozusagen die Königin der Mudras und unterstützt die Wirkung jeder anderen Mudra. Sie können sie vor oder nach der betreffenden Heil-Mudra praktizieren, oder Sie setzen sie mit der rechten Hand und formen mit der linken die andere Mudra. Die Lehr-Mudra hilft bei Schlaflosigkeit, bei Schläfrigkeit, Depressionen, Verstopfung und hohem Blutdruck. Auf der geistig-seelischen Ebene verbessert sie das Erinnerungsvermögen, fördert die Konzentration und führt ganz allgemein zu geistiger Frische, Gedankenstille und Klarheit.

Im Osten ist diese Mudra bekannt als die »Geste des Wissens und der Weisheit«. Mit diesen beiden Qualitäten können wir das Spiel des Lebens maßgeblich beeinflussen. Egal, was uns im Leben begegnet: Wir haben es in der Hand, das Beste daraus zu machen. Sind wir mit innerer Weisheit und dem notwendigen Wissen ausgestattet, können wir Unwichtiges und Belangloses fallen lassen, das eigentlich Wesentliche erkennen und ihm mehr Energie, Zeit und Raum in unserem Leben widmen. Das heißt unter anderem auch, das Richtige im richtigen Maß und auf die richtige Weise zu tun und anderes zu lassen.

Lassen Sie also mit dieser Mudra erst einmal Ihre Gedanken zur Ruhe kommen, indem Sie sich auf den Atem konzentrieren. Danach können Sie über Ihr Leben nachdenken und Ihre Prioritäten neu setzen.

Auch in spiritueller Hinsicht ist die Symbolik dieser Mudra königlich. Wir finden sie bei sakralen Handlungen im Westen wie im Osten und als Geste des Lehrens bei Ikonen im Christentum, bei Buddha-Skulpturen und bei Darstellungen indischer Gottheiten. Auch im Yoga gilt sie als die bekannteste Mudra und wird öfters bei bestimmten Körperstellungen zusätzlich praktiziert. Diese Mudra ist auch eine der schönsten und wichtigsten, die während des Gebets gehalten werden können, denn sie symbolisiert die Verbindung des Menschen (Zeigefinger) mit dem Göttlichen (Daumen).

Imagination *Stellen Sie sich sich selbst als eine strahlende Sonne vor. Die Strahlen stellen die Verbindung zur Natur, zu den Tieren und zu den Mitmenschen dar. In Ihrem innersten Sonnenkern wohnt das Göttliche. Wenn Sie sich mit diesem Kern verbinden, entfaltet sich Ihre innere Gotteskraft und bringt Ihnen viel Gutes: Heilung, Freude, Liebe und Wohlwollen, Leichtigkeit und Zuversicht. Lassen Sie sich davon erfüllen, indem Sie sich ausmalen, wie Ihre Sonne mit jedem Atemzug heller, leuchtender und strahlender wird. Stellen Sie sich nun einen besonders hellen Strahl vor, der aus Ihrem Herzen in die Welt hinausstrahlt: Sie geben weiter, was Sie haben, um erneut vom Licht und der Wärme der Gotteskraft erfüllt zu werden – wieder und immer wieder.*

Bejahung *Ich lasse mich erfüllen vom göttlichen Licht der Heilung, Liebe und Freude und strahle es aus in meine kleine und in die große Welt.*

Faust-Mudra – Mudra zum Dampfablassen

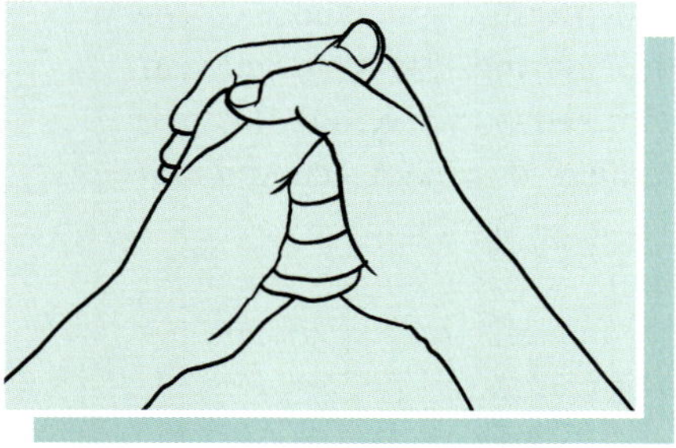

Vorbereitung Machen Sie aus Ihrer rechten Hand eine Schale und legen Sie die linke Hand, die Sie zur Faust ballen, hinein. Nun trommeln Sie mit der Faust ca. 30-mal sanft in die Handfläche.

Mudra Die linke Hand liegt zur Faust geballt in der rechten. Nun legen Sie den rechten Daumen über den linken. Halten Sie die Mudra vor dem Sonnengeflecht.

Atmung Bei den ersten 6 Atemzügen atmen Sie mit einem lauten HAAAA aus. Danach atmen Sie tief, langsam, rhythmisch und fein. Die Pausen nach dem Ein- bzw. Ausatmen sind etwas verlängert. Spüren Sie dem Atem in Brust und Bauch nach.

Wirkung Diese Mudra stimuliert beide Gehirnhälften, aktiviert das Erinnerungsvermögen, fördert die ganzheitliche Sicht der Dinge und baut innere Kraft auf.

Mit geballten Fäusten können Sie auch wunderbar Dampf ablassen, indem Sie bei Ärger, Frustration oder Wut ein paar Mal die Aussenkanten beider Fäuste kräftig auf einen Tisch oder an eine Wand schlagen. An den Handaußenkanten liegt ein Energiepunkt, der wie ein Ventil überschüssige Energie abgibt. Wenn früher mit der geballten Faust auf den Tisch geschlagen wurde, war das für den Betreffenden sehr heilsam – wenn auch für die Umgebung vielleicht etwas erschreckend –, denn zu viel aufgestaute Energie im Brustbereich kann das Herz angreifen (bei Frauen die Brust) und krank machen. Diese Mudra gibt uns die Möglichkeit, heftige Gefühle ohne schädliche Folgen auszudrücken.

In der statischen Haltung, wenn die linke Hand geschlossen in der rechten ruht, baut diese Mudra innere Kraft auf – die Kraft, klar zu denken und Gelassenheit, Mut und Zuversicht zu verspüren.

In unserem Leben wird es immer wieder einmal stürmisch zugehen. So wie die Stürme in der Natur von kurzer Dauer sind und vieles, was alt und starr ist, zerbrechen, so wirken sie auch in unserem Leben. Stellen wir uns also den Stürmen des Lebens und vertrauen wir darauf, dass nach dem anfänglichen Chaos, das sie auslösen, wieder eine neue Ordnung entsteht: mit neuen Farben, Tönen und Formen.

Imagination *Stellen Sie sich einen Himmel mit schwarzen Wolken vor – sie stehen für das, was Ihr Leben dunkel und schwer macht. Nun kommt ein gewaltiger Sturm auf, der einerseits zu heftigen Regengüssen führt und andererseits die Wolken schließlich verjagt. Sie stehen mittendrin und je heller es wird, umso leichter wird Ihnen ums Herz. Sturm und Regen lassen nach, ein Regenbogen und die Sonne verzaubern mit ihrem Licht und ihren Farben die Landschaft. Lassen Sie Ihre Wünsche über den Regenbogen zur Sonne aufsteigen und spüren Sie noch eine Weile der wundersamen Ruhe nach, die nach einem Sturm aufkommt.*

Bejahung *Sturm und Regen erlösen mich von Dunklem und Schwerem und innen und außen entsteht eine neue Ordnung, die mir viel Freude bringt.*

Toleranz-Mudra – Mudra für innere Freiheit

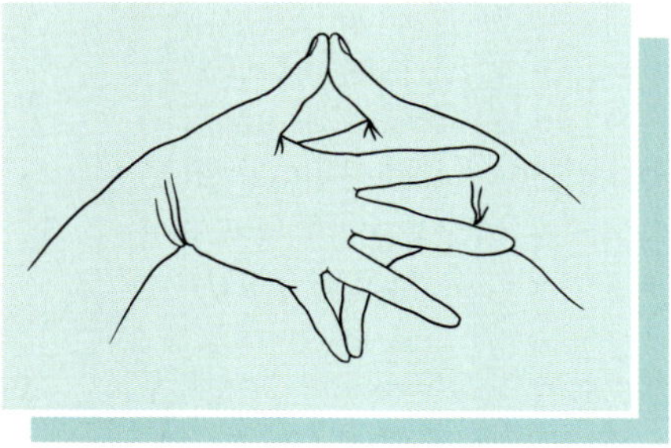

Vorbereitung Massieren Sie die beiden Handrücken.

Mudra Legen Sie die rechte Hand auf den linken Handrücken und spreizen Sie alle Finger. Die beiden Daumen und die kleinen Finger liegen aneinander. Halten Sie die Unterarme waagrecht und legen Sie die Hände an das Sonnengeflecht.

Atmung Atmen Sie dabei tief, langsam, rhythmisch und fein. Die Pausen nach dem Ein- bzw. Ausatmen sind etwas verlängert. Spüren Sie dem Atem in Brust und Bauch nach.

Wirkung Diese Mudra bringt Weite in den Brustraum. Sie weitet die Lunge, so dass automatisch mehr Luft eingesogen wird. Mehr Sauerstoff führt jedoch immer auch zu einer besseren Zelltätigkeit, stärkeren Nerven, einer gehobeneren Stimmung und mehr Frische im Gehirn.

Wenn Sie sich im geistig-seelischen Bereich stark fühlen, dann fällt es Ihnen leichter, tolerant und großzügig zu sein, denn Toleranz und Großzügigkeit sind das Produkt innerer Freiheit. Was heißt nun aber innere Freiheit? Innere Freiheit erlangen Sie, indem Sie alle »Ich-muss«-, »Ich-sollte«- und »Ich-darf-nicht«-Gedanken über Bord werfen. Zeigen Sie sich dabei von Ihrer großzügigsten Seite. Für jedes »Ich muss« gibt es mindestens noch sechs andere Lösungen. Finden Sie diese Möglichkeiten und spielen Sie damit. Vielleicht geht es dann erst einmal etwas turbulent zu, sei es in Ihrer Familie oder am Arbeitsplatz. Halten Sie das ruhig aus, und wenn es gar nicht klappt, suchen Sie einfach nach weiteren Alternativen.

Viele Zwänge in uns selbst und in unserer Umgebung hängen auch mit »Du-sollst«- und »Du-darfst-nicht«-Haltungen zusammen. Werfen Sie auch diese Einstellungen großzügig über Bord, werden Sie tolerant! Es interessiert Sie schlichtweg nicht mehr, ob Ihre Tochter ihr Zimmer aufräumt (machen Sie einfach die Tür zu), dass Ihre Mutter Sie jede Woche zweimal sehen will usw.

Das Einzige, was wir wirklich müssen, ist sterben, und das Universum möchte, dass wir aus unserem Leben das Bestmögliche machen. Suchen Sie also immer nach Lösungen!

Es kann durchaus sein, dass es Ihnen widerstrebt, diese »Ich-muss«-Haltungen zu hinterfragen und/oder neue Lösungen zu finden. Dann sind negative Gewohnheiten oder Ängste mit im Spiel, die nicht von selbst gleich das Feld räumen. Das folgende Bild und die Affirmation während des Haltens der Mudra können Ihnen diesen Schritt erleichtern.

Imagination *Sie sitzen im Geist auf einer Wolke und schweben bei herrlichstem Wetter über Dörfer und Städte hinweg. Nun bilden Sie Sätze, die mit »Ich muss« beginnen, verwandeln sie in weiße Flocken und lassen sie sanft zur Erde hinabschweben. Dort angekommen, lösen sie sich in nichts auf.*

Bejahung *Das Loslassen alter Gewohnheiten und unnötiger Verpflichtungen schenkt mir innere Freiheit, Freude und Frieden.*

Wohlfühl-Mudra – Mudra für alle Sinne

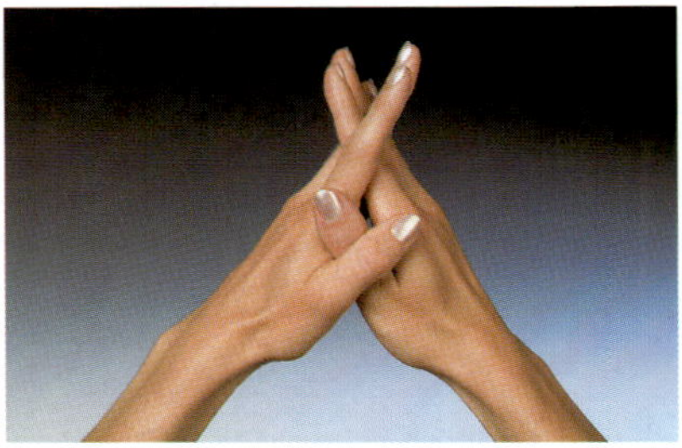

Vorbereitung Legen Sie die Hände aneinander und verschränken Sie die Finger, ohne sie zu beugen. Reiben Sie nun die Finger bzw. die Fingerseiten durch ein Auf-und-ab-Bewegen der Hände aneinander.

Mudra Die Hände liegen aneinander, die Finger sind verschränkt. Nun legen Sie den linken Daumen über den rechten, halten die Hände auf Höhe des Herz-Chakras und spüren die aneinander liegenden Fingerseiten.

Atmung Atmen Sie dabei tief, langsam, rhythmisch und fein. Die Pausen nach dem Ein- bzw. Ausatmen sind etwas verlängert. Nach einigen Atemzügen verschieben Sie alle Finger um einen und legen den rechten Daumen über den linken. Halten Sie die Hände noch einige Minuten auf diese Weise.

Wirkung Diese Mudra spricht alle Meridiane an, die in die Finger verlaufen und ihre End- oder Anfangspunkte in den Fingern haben. Die Meridian-Energie beeinflusst gleichermaßen unsere Organe, unsere Gefühle und unser Denken. Sind die Meridiane aktiv, fühlen wir uns körperlich gut. Dann können wir uns an kleinen Dingen erfreuen und denken positiv und konstruktiv. Die Wohlfühl-Mudra regt auch all unsere Sinne an, insbesondere unseren Tastsinn.

Eine ausgeprägte Sinnlichkeit ist sicher das A und O einer befriedigenden Sexualität, aber auch im Alltag profitieren wir davon: Wir nehmen alles um uns herum viel intensiver wahr und Farben, Formen, Töne, Düfte usw. bereiten uns viel mehr Freude. Alles wird lebendiger. Aber nicht nur unsere Umgebung nehmen wir stärker wahr, sondern auch uns selbst, unsere eigenen Bedürfnisse und Vorlieben. Damit werden wir nicht nur feinfühliger uns selbst, sondern auch anderen Menschen gegenüber. So werden auch unsere Beziehungen tiefer und beglückender.

Liebevoll auf uns selbst und andere einzugehen bringt viel Leichtigkeit und Licht in unser Leben. Dabei kann uns diese Mudra helfen.

Wie innen, so außen – mit dem folgenden Bild schaffen wir in unserer Innenwelt ideale Beziehungen, die sich dann auch in unseren realen Beziehungen in der äußeren Welt manifestieren.

Imagination *Stellen Sie sich vor, wie Sie auf wohlwollende Art, mit liebevollem Herzen und großem Verständnis mit Ihrem Partner, mit Familienmitgliedern, Verwandten, Freunden oder Arbeitskollegen kommunizieren.*

Bejahung *Ich begegne mir und anderen in jeder Situation mit wohlwollender Offenheit und liebevollem Verständnis.*

Achtung! Das heißt nicht, dass Sie nun jedes Verhalten tolerieren sollen. Sprechen Sie sich bei Konflikten aus. Suchen und finden Sie Lösungen, die allen Beteiligten gerecht werden. Wenn die anderen nicht mitmachen wollen, dann müssen Sie sich Ihrer Gesundheit zuliebe allerdings innerlich oder auch äußerlich von diesen Menschen distanzieren.

Bedenken Sie auch immer, dass es keine endgültige Lösung gibt. Wir werden beispielsweise in einer Partnerschaft ein Leben lang immer wieder neue Lösungen suchen müssen – und das ist auch gut so. Denn so bleibt eine Partnerschaft lebendig.

Feuer-Mudra – Mudra für Geborgenheit

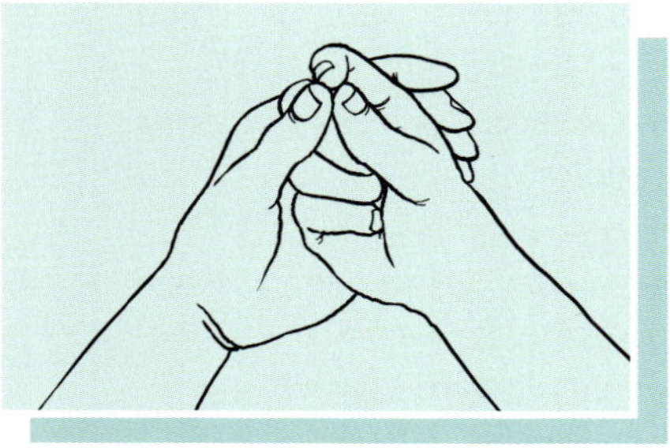

Mudra Sie legen Daumen- und Zeigefingerspitze der rechten Hand aneinander und beugen die restlichen Finger nach innen. Dann legen Sie den Daumen der linken Hand dazu und umfassen mit der linken Hand die rechte. So halten Sie die Hände vor Ihr Sonnengeflecht.

Atmung Atmen Sie dabei tief, langsam, rhythmisch und fein. Die Pausen nach dem Ein- bzw. Ausatmen sind etwas verlängert. Spüren Sie dem Atem in Brust und Bauch nach.

Wirkung Diese Mudra aktiviert auf der körperlichen Ebene die Ausscheidung, reinigt die Lunge, löst hartnäckigen Husten und erhöht die Körpertemperatur. Die ansteigende Hitze aktiviert die innere Kraft, wirkt reinigend und kann sogar Bakterien den Garaus machen. Auf der seelisch-geistigen Ebene schenkt Ihnen die Feuer-Mudra innere Geborgenheit, Selbstvertrauen, Zuversicht und Mut.

Die linke Hand wird mit den unsichtbaren kosmischen Kräften, die uns und das ganze All umfassen und halten, in Zusammenhang gebracht. Die rechte Hand verkörpert das Sichtbare, das verstandesmäßig Machbare und Kontrollierbare. Bei dieser Mudra wird die rechte Hand von der linken gehalten, gestützt und umfasst. Gleichzeitig liegt der rechte Zeigefinger, der unser individuelles Selbst symbolisiert, an beiden Daumen, die wiederum das kosmische Selbst verkörpern. Denken Sie einmal darüber nach, was das wirklich bedeutet.

Erst das Vertrauen, dass der Kosmos (oder das Göttliche) es gut mit uns meint und uns jederzeit hilft, schenkt uns auch das Selbstvertrauen und den Mut – oder sogar die Lust –, etwas zu wagen.

Wahre Geborgenheit kommt nicht von außen, sondern wir tragen sie in uns. Wahrscheinlich brauchen wir ein ganzes Leben, um immer wieder von neuem zu lernen, dieses Urvertrauen aufzubauen, zu erweitern und darin letztendlich eine neue Heimat zu finden.

Egal, welche Herausforderung in unserem Leben ansteht, »wir schaffen das mit links«. Ist das nicht ein treffender Ausdruck?

Ich beschreibe diese Mudra an einem dunklen, nassen Novembertag, neben mir brennt eine Kerze. Mir ist wohlig warm geworden beim Halten der Mudra – und entsprechend wohl fühle ich mich auch. Die Feuer-Mudra hilft uns, inneres Licht, das uns Wärme, Geborgenheit und Helligkeit vermittelt, zu entwickeln. Lassen wir uns doch einfach davon erfüllen.

Imagination *Stellen Sie sich eine dunkle, feuchte Höhle vor. In der Mitte glimmt ein klägliches Feuer still vor sich hin. Sie setzen sich an das Feuer und mit jedem Ihrer Atemzüge lodern die Flammen höher und höher, bis Sie ein richtig stattliches Feuer entfacht haben. Es erwärmt und trocknet die Höhle. Im Flammenschein sehen Sie nun, dass die Höhle ganz mit Gold und mit roten und gelben Teppichen und Kissen ausgestattet ist.*

Bejahung *Das Feuer ist das Symbol des Göttlichen, das bereit ist, mir in jeder Situation zu helfen, mich zu leiten, mich zu unterstützen und mir Geborgenheit zu schenken.*

Oder: Sein Licht erhellt meinen Lebensweg und Seine Sonne wärmt mein Herz.

Jogging-Mudra – Mudra für tieferen Atem

Vorbereitung Sie legen den Ringfingernagel jeder Hand auf die Innenseite des oberen Daumenglieds, lassen die Hände locker zwischen den Beinen hängen und seufzen etwa 6-mal herzhaft, indem Sie tief ausatmen.

Mudra Drehen Sie die Handflächen in dieser Fingerstellung nach oben und legen Sie die Hände auf die Oberschenkel.

Atmung Atmen Sie dabei tief, langsam, rhythmisch und fein. Die Pausen nach dem Ein- bzw. Ausatmen sind etwas verlängert. Spüren Sie dem Atem in Brust und Bauch nach.

Wirkung Diese Mudra aus Japan stärkt die Atemfunktion und kann gegen Asthma eingesetzt werden. Auch während jeder sportlichen Betätigung, die weitgehend von einem optimalen Atem abhängt – wie Walken oder Joggen –, kann diese Mudra praktiziert werden.

Wenn Sie diese Sportarten rein zum Spaß und natürlich auch der Fitness und der Gesundheit zuliebe ausüben, dann passen Sie das Bewegungstempo dem Atem an (nicht umgekehrt). Sie werden sehen, dass der Trainingseffekt trotz der Verlangsamung größer sein wird. Noch mehr können Sie aus dem Training herausholen, wenn Sie sich danach *einige Minuten Ruhe gönnen*. Setzen Sie sich doch 5 bis 10 Minuten zu einem Drink hin, duschen Sie ausgiebig, damit die Poren wieder frei von Schweiß sind und unbehindert atmen können, und wenden Sie sich erst dann wieder den Alltagsgeschäften zu. Planen Sie diese zusätzliche Ruhezeit von etwa 10 Minuten schon im Vorfeld mit ein.

Wenn Sie fliegen oder in großen Höhenlagen unterwegs sind, kann diese Fingerposition Ihnen das Atmen erleichtern. Außerdem hilft sie bei Gleichgewichtsstörungen, die durch die Ohren verursacht werden.

Auf der emotionalen und mentalen Ebene vertreibt diese Mudra negative Gefühle wie »Ich werde nicht geliebt«, »Ich werde abgelehnt« oder »Ich fühle mich einsam«. Auch wenn Sie zu grundlosen Tränenausbrüchen neigen, kann diese Mudra eine Hilfe sein.

Die chinesische Medizin zeigt auf, dass die Lunge und damit auch die Atemfunktion, wenn sie geschwächt oder behindert ist, Gefühle der Trauer und Depression auslösen kann. Sollte das auf Sie zutreffen, dann praktizieren Sie zusätzlich noch die Sonnen-Mudra auf Seite 126.

Das folgende Bild kann Ihre sportlichen Leistungen erheblich verbessern. Achten Sie aber darauf, dass Sie dabei gelassen bleiben – es ist alles ein Spiel und soll es auch bleiben –, dass Sie ein Gefühl der Freude und des Triumphs verspüren und immer wissen, dass das Resultat so oder so genau richtig für Sie ist.

Imagination *Malen Sie sich aus, wie Sie Ihren Sport ausüben. Sie bewegen sich in Gottes freier Natur und sind ganz leicht bekleidet oder nackt. Sie fühlen sich leicht, frei und schnell. Wie der Wind flitzen Sie durch die Gegend. Spüren Sie den Boden unter den Füßen und den Wind im Gesicht. Grüßen Sie die Natur – die einzelnen Pflanzen, Tiere und die Sonne. Sie fühlen sich im Geist wohl und beschwingt – einfach in allerbester Verfassung!*

Bejahung *Ich wecke meine Kräfte und liebe die Stärke und die Vitalität meines Körpers.*

Wonne-Mudra – Mudra der inneren Stärke

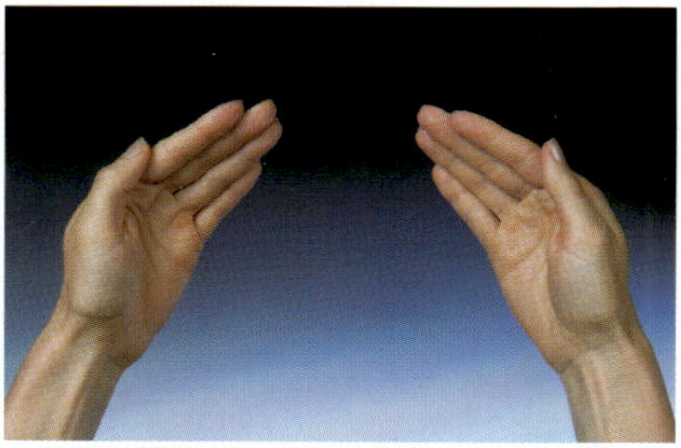

Vorbereitung Bewegen Sie einige Sekunden lang graziös die Arme, als wollten Sie gleich wegfliegen oder ein Orchester dirigieren. Lassen Sie dann die Arme nach unten hängen, schütteln Sie die Hände aus und atmen Sie gut aus; alle verbrauchte Energie soll abfließen.

Mudra Nehmen Sie beide Arme zur Seite (Schultern etwas nach hinten und unten fallen lassen) und halten Sie die Hände zu Schalen geformt in Brusthöhe. Die Finger liegen aneinander, die Daumen seitlich am Zeigefingergelenk.

Atmung Atmen Sie dabei tief, langsam, rhythmisch und fein. Verstärken Sie die Einatmung ein wenig. Die Pausen nach dem Ein- bzw. Ausatmen sind etwas verlängert. Sie konzentrieren sich auf das Wurzel-Chakra.

Wirkung Mit dieser Mudra füllen Sie sämtliche Batterien in Ihrem Inneren wieder auf. Außerdem stärkt sie Ihren Rücken – und das in mehr als nur einer Hinsicht.

Eine starke Rückenmuskulatur kann tatsächlich unsere Gedankenstrukturen verändern. Das habe ich am eigenen Leib erfahren, als ich nach dem Unfall, der mich zwang, einige Wochen in der Rückenlage zu verbringen, wieder versuchte zu sitzen, zu stehen und zu gehen. Mir war zum Heulen elend, wie man so sagt – selbst die stärksten Männer würden in dieser Situation weinen, tröstete mich der Therapeut. Aber mit jeder Minute Rückentraining und mit Hilfe der Hastas und Mudras, die ich einsetzte, gewann nicht nur mein Körper an Kraft, sondern auch in meinem Geist und in meiner Seele veränderte sich etwas. Meine Lebensfreude wurde wieder geweckt. Ich bekam neuen Elan und richtig Lust, Neues zu entdecken und mich wieder in die Arbeit zu stürzen.

Je stärker wir uns fühlen, umso mehr Freude empfinden wir darüber, was wir sind, was wir tun und was wir haben.

Mit dieser Geste sind wir ganz auf Empfang ausgerichtet. Deshalb möchte ich Ihnen die Wonne-Mudra ganz besonders ans Herz legen. Machen Sie diese Mudra nicht erst, wenn Sie sich ausgebrannt und/oder ausgelaugt fühlen. Oder mit anderen Worten: Nehmen Sie sich immer genügend Zeit für sich selbst. Füllen Sie Ihre Kraftreserven regelmäßig auf. *Sie sind der Mittelpunkt Ihres Lebens.* Sie können nur effektiv arbeiten oder den Mitmenschen bzw. der Umwelt etwas abgeben, wenn Sie überhaupt etwas zu geben haben. Manchmal kann weniger mehr sein – es kommt nie auf die Quantität, sondern immer auf die Qualität an. Wenn Sie das richtige Maß finden, geben Sie von Herzen, und nicht unter Zwang, sondern mit Wonne.

Sie brauchen regelmäßig neue Energie für Geist und Seele. Energie tanken Sie einerseits durch die Wonne-Mudra und den vertieften Atem, andererseits aber auch durch die Beschäftigung mit allem, was Sie interessiert und Ihnen Freude macht.

Imagination *Sie sitzen im Geist in einer lauen Sommernacht unter einem mitternachtsblauen Sternenhimmel. Immer wieder löst sich am Himmel ein Stern und landet auf einer Ihrer Hände. Seine strahlende Energie strömt durch Ihre Hände und Arme in Ihr Herz, von dort nach oben in Ihren Kopf und nach unten in Ihr Becken, Ihre Beine und Füße.*

Bejahung *Die unermessliche Fülle des unendlichen Bewusstseins macht mich stark und kommt in mir und in all meinen Angelegenheiten zum Ausdruck.*

Tempel-Mudra – Mudra für den inneren Kraftort

Vorbereitung Sie lassen die Arme hängen und schütteln die Hände eine Weile locker aus.

Mudra Legen Sie Mittel-, Ring- und kleinen Finger beider Hände zusammen. Der Daumen liegt jeweils am Zeigefinger, der rechtwinklig gebeugt ist. Die Außenkanten der Hände und die Daumen liegen aneinander. Massieren Sie mit den beiden Daumen für etwa 30 Sekunden das Brustbein. Danach halten Sie die Mudra am Brustbein. Die Unterarme bilden dabei eine waagrechte Linie.

Atmung Atmen Sie dabei tief, langsam, rhythmisch und fein. Die Pausen nach dem Ein- bzw. Ausatmen sind etwas verlängert. Sie konzentrieren sich dabei auf das Herz-Chakra.

Wirkung Diese Mudra aktiviert das Immunsystem, vertieft die Atmung und wirkt ganzheitlich, da die meisten Meridiane angesprochen werden. Sie schenkt inneres Gleichgewicht, Gelassenheit und Zuversicht.

Es gibt heute viel Literatur über Kraftorte, die aus geomantischer Sicht auf besonderen energetischen Erdlinien liegen. An solchen Stellen wurden auf der ganzen Welt schon immer sakrale Gebäude (Tempel, Kathedralen, Kapellen) errichtet. Andere Plätze (Grotten, Schluchten) wurden zwar nicht bebaut, waren aber sakralen Handlungen vorbehalten. An solchen heiligen Orten werden Kranke geheilt und viele Menschen finden dort Zugang zu anderen Bewusstseinsebenen. Kraftorte vermitteln uns das Gefühl, dem Himmel und dem großen Geheimnis – dem Göttlichen – etwas näher zu sein. Wir spüren, dass es noch andere Sphären gibt, dass die unsichtbare Welt uns näher ist als sonst.

Wir können solche Plätze nicht immer schnell zwischendurch einmal aufsuchen, wenn wir es gerade nötig haben oder uns danach ist, aber wir können in unserem eigenen Herzen einen solchen Ort der Kraft schaffen. An diesen inneren Kraftort können wir uns jederzeit zurückziehen, um für alles zu danken, um etwas zu bitten oder um neue Kraft und Zuversicht zu tanken.

Kraftorten – ob Grotten, Kirchen oder Tempeln – haftet immer auch ein besonderer Duft an. Wenn Sie diese Mudra praktizieren, sollten Sie die ersten Male also Räucherwerk oder eine Duftlampe anzünden. Entscheiden Sie sich für den Duft einer Kirche oder eines asiatischen Tempels (etwa Myrrhe, Weihrauch oder Sandelholz). Dekorieren Sie Ihren Meditations-Platz zudem mit Gegenständen und Bildern, die Sie nach innen führen oder eine spezielle Bedeutung für Sie haben. Wählen Sie eine Musik aus, die Sie die unfassbare Wirklichkeit erahnen lässt – Sie sozusagen in eine höhere Schwingung versetzt. Später können Sie diese Meditation dann überall und jederzeit machen, auch ohne spezielle Düfte oder Musik.

Imagination Schließen Sie nun die Augen und fangen Sie an, Ihren inneren Kraftort zu kreieren. Die Elemente Erde (Steine, Felsen), Wasser (Quelle, Brunnen, Wasserbecken), Feuer (Kerzen oder Feuerstelle), Luft (hohe Gewölbe) spielen dabei eine große Rolle, ebenso wie eine Skulptur oder ein anderes Symbol für das Göttliche. Denken Sie auch an Blumen, die Sie liebevoll arrangieren. Wenn Sie im Geist Ihren Ort der Kraft eingerichtet haben, setzen Sie sich hin und danken zuerst einmal für alles, was Sie haben, was Sie sind und was Sie tun dürfen. Danach bringen Sie Ihre Bitten vor und gehen dann in die Stille, indem Sie sich ganz Ihrem Atem hingeben.

Bejahung Ich bin ein Kind des göttlichen Bewusstseins und alles, was gut und richtig für mich ist, wird mir zur gegebenen Zeit geschenkt.

Adler-Mudra – Mudra für innere Leichtigkeit

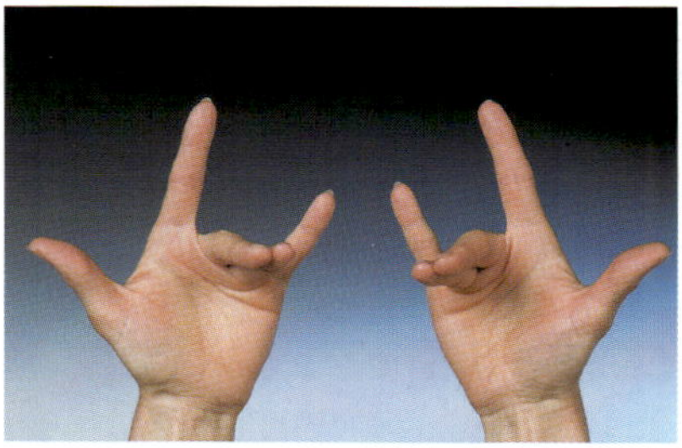

Vorbereitung Mittelfinger und Ringfinger jeder Hand liegen aneinander und sind nach innen gestreckt, die anderen Finger weisen nach oben. Halten Sie die Arme ganz locker. Bewegen Sie während einiger Sekunden die Arme (Schultern kreisen) und die Hände (aus den Handgelenken kreisen) so, als würden Sie einen Walzer dirigieren.

Mudra Die Hände ruhen in der oben beschriebenen Fingerstellung auf den Oberschenkeln. Wenn Sie nach einer Weile müde werden, schließen Sie die Hände zu Fäusten, wobei Sie die Daumen zwischen Mittel- und Ringfinger an die Fingerwurzeln legen.

Atmung Atmen Sie dabei tief, langsam, rhythmisch und fein. Die Pausen nach dem Ein- bzw. Ausatmen sind etwas verlängert. Spüren Sie dem Atem in Brust und Bauch nach.

Wirkung Diese Mudra lockert und entspannt den Nacken- und Schulterbereich, reguliert das Lymphsystem und tut Augen und Ohren gut. Außerdem werden dabei Hormondrüsen angesprochen, die für unser Wohlbefinden maßgeblich sind.

Es gibt sie ja, jene glücklichen Menschen, die das meiste auf die leichte Schulter nehmen können, denen vieles leicht fällt und die jede Herausforderung mit Leichtigkeit angehen und bewältigen. Aber vielleicht ergeht es Ihnen doch eher wie mir: Um Leichtigkeit müssen Sie sich immer wieder neu bemühen und im Stress verspannen und verkrampfen Sie sich manchmal und vergessen ganz, dass Sie dies oder jenes auch etwas leichter nehmen könnten. Dann kann die Adler-Mudra eine Einladung oder auch eine Mahnung sein: »Versuch es doch zuerst einmal mit einem Schuss Leichtigkeit und Beschwingtheit.« Wenn das dann tatsächlich nicht klappen sollte, können Sie die Sache immer noch mit allem Ernst angehen oder ihr den Kampf ansagen.

Manchmal wird die Bürde auch zu schwer, weil einfach zu vieles ansteht, was erledigt werden sollte. Warum sich dann nicht Hilfe holen oder für die verschiedenen Verpflichtungen einen Zeitplan aufstellen? Für das »Daran-Denken« braucht man doch oft mehr Energie als für die Ausführung. Wenn Sie zuerst eine Prioritätenliste machen, können Sie danach mit Schwung und Leichtigkeit Punkt für Punkt erledigen und abhaken. Und das ist nur eine der vielen Strategien, die Sie entwickeln können, um sich das Leben mit allem, was es so bringt, ein bisschen leichter zu machen. Wenn etwas schwer wird, dann ist es an der Zeit, einmal innezuhalten und nachzudenken. Suchen Sie aber nie nur eine Lösung. Lassen Sie sich immer mindestens sechs einfallen und wählen Sie dann eine aus.

Imagination *Stellen Sie sich vor, dass sich während des Ausatmens vor Ihrem Gesicht eine Seifenblase bildet. In diese projizieren Sie eine Verpflichtung oder Belastung hinein, seien es Aufgaben oder Menschen, die Ihnen das Leben schwer machen. Wenn Sie dann wieder ausatmen, steigt die Seifenblase samt Inhalt nach oben – immer weiter und weiter einem überirdischen Licht entgegen. Es ist das kosmische Licht der Leichtigkeit und der Liebe, das sich nun Ihrer Angelegenheit annimmt und Sie entlastet. Lassen Sie es zu und freuen Sie sich darüber, dass in Zukunft vieles für Sie leichter sein wird oder sich sogar ganz von selbst erledigt.*

Bejahung *Ich übergebe meine Angelegenheiten dem Göttlichen, bin bereit, sie in einem neuen Licht zu sehen und öffne mich einer neuen Leichtigkeit und Freude.*

Zeit-Mudra – Mudra gegen Stress

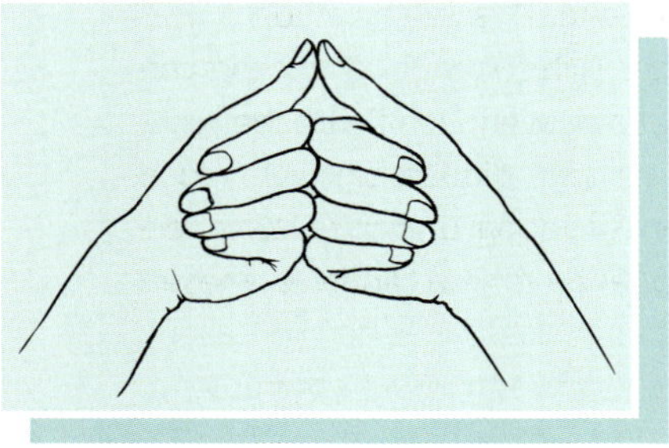

Vorbereitung Legen Sie die Rückseiten der Finger beider Hände aneinander. Reiben Sie nun sanft die Fingerrücken aneinander, indem Sie die Hände etwas hinauf- und hinabgleiten lassen.

Mudra Legen Sie die Daumen aneinander und die restlichen Finger an die Daumenballen. Die Hände halten Sie auf Magenhöhe, die Unterarme sind waagrecht.

Atmung Atmen Sie dabei tief, langsam, rhythmisch und fein. Die Pausen nach dem Ein- bzw. Ausatmen sind etwas verlängert. Spüren Sie dem Atem in Brust und Bauch nach.

Wirkung Diese Mudra reguliert die Schilddrüse, die u.a. für unser Zeitempfinden eine große Rolle spielt. Fühlen wir uns innerlich unruhig, gestresst, gehetzt oder ungeduldig, dann kann es sein, dass sie überaktiv ist. Fühlen wir uns dagegen innerlich gehemmt, gebremst, lustlos und ohne Antrieb, kann das ein Zeichen für eine Unterfunktion sein.

Wir sehen also, dass nicht nur die Außenwelt mit ihren Anforderungen und Verpflichtungen, sondern auch körperliche Funktionen Stress verursachen können.

Eine gute Strategie gegen Stress ist – neben dem Praktizieren der Zeit-Mudra – sicher auch das Aufstellen eines Zeitplans. Listen Sie all Ihre Verpflichtungen schriftlich auf und verteilen Sie sie dann in Ihrem Terminkalender auf die nächsten Tage und Wochen. Notieren Sie auch Ihre Auszeiten, wenn das nötig sein sollte. Wenn Sie das einige Wochen durchziehen, können Sie wahre Wunder erleben, denn das Unterbewusstsein, unser zuverlässiger Helfer, wird sich auch an den Zeitplan halten. Erst vor kurzem bin ich mitten in der Nacht aufgewacht und hatte blitzartig die tollsten Ideen für ein Projekt, die ich am nächsten Morgen nur noch notieren musste. Als ich danach in meinen Terminkalender schaute, stellte sich heraus, dass ich diese Arbeit genau für diesen Tag eingeplant hatte. Das ist mir schon mehrmals passiert und oft habe ich das Gefühl, dass sich sogar Telefongespräche meinem Zeitplan anpassen. Das Telefon läutet nur, wenn ich Zeit habe.

Zeit scheint ohnehin eine relative Sache zu sein. Haben Sie nicht auch schon gemerkt, dass es Phasen gibt, in denen Sie locker und mit Elan innerhalb kürzester Zeit erstaunlich viel erledigen, während Sie in anderen Phasen für alles doppelt so lang brauchen?

Wenn Sie »gar keine« Zeit haben, dann ist es ohnehin »höchste« Zeit für diese Mudra (5 bis 7 Minuten mögen genügen). Sie werden sehen: Danach läuft alles wie am Schnürchen.

Dauerstress sollten Sie nicht auf die leichte Schulter nehmen. Stellen Sich sich einmal folgende Fragen und überlegen Sie, was zu ändern ist:

- Will ich alles zur gleichen Zeit?
- Bin ich ein Perfektionist?
- Kann ich nicht Nein sagen?
- Kann ich keine Hilfe annehmen?
- Lasse ich mich von anderen manipulieren oder ausnützen?
- Brauche ich Stress, um nicht über mein Leben nachdenken zu müssen?

Imagination *Stellen Sie sich vor, wie Sie Ihre Freizeit gestalten. Was würden Sie alles tun, wenn Sie Zeit dazu hätten? Malen Sie sich in den buntesten Farben aus, wie Sie die Abende und Wochenenden ganz nach Ihrem Geschmack gestalten und erleben.*

Bejahung *Die Zeit ist mein kostbarstes Gut – ich verwalte sie weise und weiß, dass alles Schöne meine Seele nährt.*

Leber-Mudra – Mudra für innere Gelassenheit

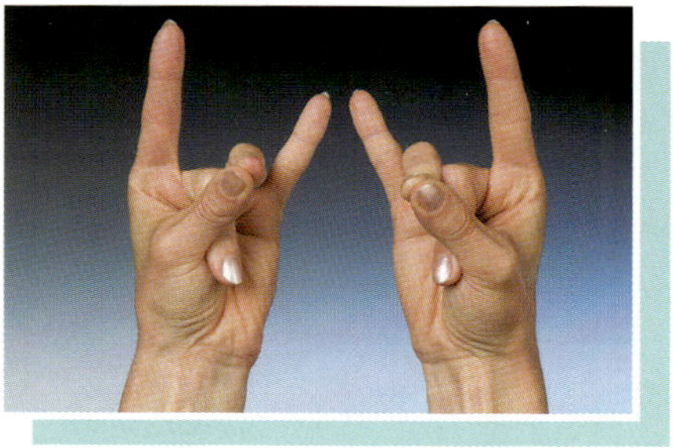

Vorbereitung Reiben Sie mit dem linken Daumen die Reflexzone der Leber (siehe Seite 21).

Mudra Pressen Sie den Mittelfinger jeder Hand an den Ballen unterhalb des Daumens und legen Sie die Spitzen von Daumen und Ringfinger aneinander. Wenn es Ihre Zeit erlaubt, legen Sie sich dabei am besten hin, platzieren eine Bettflasche auf die Leber und decken sich warm zu. Denn die Leber erholt sich am besten in der Rückenlage und liebt die Wärme.

Atmung Atmen Sie dabei tief, langsam, rhythmisch und fein. Die Pausen nach dem Ein- bzw. Ausatmen sind etwas verlängert. Konzentrieren Sie sich auf das Solarplexus-Chakra.

Wirkung Diese Mudra können Sie wunderbar einsetzen, wenn Sie einmal zu viel oder zu fett gegessen haben oder Ihre Leber generell geschwächt ist.

Der Leber tut grundsätzlich Saures gut. Trinken Sie morgens als Erstes den Saft einer (Bio)Zitrone, verdünnt mit Wasser und gesüßt mit etwas Honig oder Fruchtzucker. Achten Sie beim Essig für Ihren Salat auf eine gute Qualität.

Wenn die Leber schwach ist oder öfters überfordert wird – viele Medikamente belasten die Leber –, wird der Betreffende leicht »sauer« (das Gegenteil von Gelassenheit). Er kann seine Emotionen nicht beherrschen und/oder nichts bis zum Ende durchführen, gibt also leicht auf. Er kann auch nicht mehr klar denken und wird geistig träge. Die ganze Zukunft sieht düster aus. Alles erscheint ihm sinnlos und ohne Hoffnung, und die Kreativität ist auf dem Nullpunkt.

Leber steht für Leben. Die Leber ist unser größtes Organ. Wir leben aus einem bestimmten Grund und sollten ein Leben führen, das uns auch wirklich entspricht, in das wir unsere Vorlieben und Talente einbringen können und in dem innere Entwicklung stattfinden kann. Wenn wir unser Leben verplanen mit Dingen, die uns gar nicht entsprechen, oder von der Umwelt zu stark gefordert werden – weil wir es zulassen –, macht uns das wütend. Dann werden wir gereizt und sauer. In der chinesischen Medizin wird der Leber nicht ohne Grund einerseits Wut, Zorn und Resignation und andererseits Gelassenheit, Hoffnung und die Begeisterung des Anfängers zugeordnet.

Während wir die Leber-Mudra halten, sollten wir uns nicht nur Gelassenheit wünschen, sondern auch darüber nachdenken, was wir verändern könnten, um gelassener zu werden. Wir brauchen ja nicht gleich unser ganzes Leben umzukrempeln, sollten aber doch da und dort im Kleinen etwas verändern, indem wir uns zum Beispiel mehr Zeit für das nehmen, was uns ganz persönlich interessiert, herausfordert und Freude bereitet. Die Leber arbeitet geduldig und stetig das ganze Jahr über und so sollten auch wir bereit sein, immer wieder Anpassungen und Neuerungen vorzunehmen.

Die Leber erholt sich, wie gesagt, am besten im Liegen. Das ist eine wunderschöne Haltung, um ein wenig über folgende Fragen nachzusinnen oder zu träumen. Lächeln Sie dabei – das tut zusätzlich gut!

- Was heißt für mich innere Gelassenheit?
- Wo fällt es mir leicht, gelassen zu bleiben?
- Wo fällt es mir schwer, ruhig, gelassen und heiter zu bleiben?
- Wie könnte ich gelassener werden?

Imagination Erinnern Sie sich zuerst einmal an Situationen, in denen es Ihnen leicht fiel, gelassen zu bleiben. Versuchen Sie nochmals zu spüren, wie Sie sich dabei gefühlt haben. Nun malen Sie sich Zukunftsbilder aus, in denen Sie sich ruhig, heiter und gelassen fühlen und verhalten.

Bejahung Ich bin ein Sonnenkind und genieße die Sonnenseiten des Lebens.

Nieren-Mudra – Mudra für beglückende Beziehungen

Vorbereitung Massieren Sie zuerst für einige Sekunden den Meridian-Nierenpunkt an der Wurzel des Ringfingers.

Mudra Legen Sie die Daumenspitze jeder Hand an die Wurzel des Ringfingers, also auf den sogenannten »Apolloberg«, und die Ringfingerspitze auf den Ballen des Daumens, also den »Venusberg«. Die übrigen Finger sind gestreckt. Wenn Sie die Zeit und die Möglichkeit dazu haben, legen Sie sich dabei auf den Rücken, ziehen ein Bein etwas an und legen den Fuß an die Wadeninnenseite des anderen Beins – damit aktivieren Sie zusätzlich den Nierenmeridian.

Atmung Atmen Sie dabei tief, langsam, rhythmisch und fein. Die Pausen nach dem Ein- bzw. Ausatmen sind etwas verlängert. Sie konzentrieren sich auf das Sakral-Chakra.

Wirkung Wie schon der Name sagt, kommt diese Mudra den Nieren zugute. Nach der chinesischen Medizinlehre steht die Nierenenergie in einem Bezug zu Partnerschaft und Angst. Diese Angst betrifft in erster Linie engere Beziehungen; es ist die Angst vor zu viel Druck und Vereinnahmung, vor Verletzungen, Verlassenwerden, Einsamkeit oder auch Eifersucht. Diese negativen Gefühle kann die Nieren-Mudra in positive verwandeln.

Salopp ausgedrückt könnte man sagen: Wir alle sind »beziehungsgeschädigt«. Wir alle wurden schon verletzt, zu etwas gezwungen, was wir nicht wollten, im Stich gelassen usw. Die meisten von uns haben diese schmerzlichen Erfahrungen relativ gut bewältigt und sind trotzdem in der Lage, neue Freundschaften und Beziehungen einzugehen, zu pflegen und zu genießen. Manche Menschen ziehen sich dann jedoch für Wochen, Monate oder sogar Jahre zurück, lecken ihre Wunden und haben Angst davor, neue Menschen kennen zu lernen. Sie haben Angst, von neuem verletzt und ausgenützt zu werden, wozu es allerdings nur dann kommen kann, wenn sie sich wieder in die Opferrolle drängen lassen.

Leider ist das Sich-Abkapseln langfristig jedoch keine Lösung, denn wir brauchen den Austausch von Energien mit unseren Mitmenschen, um körperlich, seelisch und geistig gesund zu bleiben. Seien wir doch ehrlich: Andere Menschen bringen neben dem bisschen Ärger auch ganz viel Freude in unser Leben. Wenn wir Angst vor gewissen Menschen haben, dann ziehen wir genau diese Menschen an – die Angst wirkt wie ein Magnet. Statt uns vor jemandem zu fürchten und uns auszumalen, was wir nicht wollen, *sollten wir uns also bewusst machen, was wir wollen.*

Freundschaften wie auch Partnerschaften unterliegen einem ständigen Wandel und diese Veränderungen können wir ganz gezielt beeinflussen. Wir haben ein Recht auf Mitbestimmung, wie unsere Beziehungen und Freundschaften verlaufen sollen:

- Wir bestimmen mit, wie viel Nähe bzw. Distanz wir brauchen.
- Wir reduzieren unsere Erwartungen an andere auf das wirklich Wesentliche – auf das Minimum.
- Da jede Partnerschaft ein Austausch von Geben und Nehmen ist, bestimmen wir mit über Quantität und Qualität.
- Die anfallenden Arbeiten und Pflichten teilen wir auf.
- Bei aufkommenden Problemen suchen wir nach Lösungen.
- Wir sind Mitgestalter eines Gesprächs und nicht nur Zuhörer.

Eine Beziehung wird nie langweilig, wenn Sie immer wieder Gesprächsthemen finden, die Sie beide interessieren. Lesen Sie doch zum Beispiel zusammen die Zeitung und diskutieren Sie über die Ereignisse: So musste ich nach 25 Ehejahren auf einmal feststellen, dass unsere politischen Ansichten gar nicht immer übereinstimmen. Männer denken anscheinend wirklich anders als Frauen – da war vielleicht was los ... Und die Versöhnung war dann wunderschön.

Die meisten Verletzungen und Enttäuschungen in Beziehungen entstehen durch falsche Vermutungen (man meint, der andere weiß, was man denkt oder braucht), zu hohe Erwartungen und Forderungen (es gibt auch ein inneres Unvermögen, das charakterlich bedingt ist), zu viel Enge oder zu viel Distanz. Umso wichtiger ist, dass *das tägliche Gespräch* ernst genommen wird, bei aller Ernsthaftigkeit Witz und Humor aber auch nicht zu kurz kommen.

Versuchen Sie doch, Ihren Partner oder Ihre Partnerin hin und wieder zu überraschen, indem Sie nicht so reagieren, wie vorhersehbar wäre. Und versuchen Sie auch, an ihm oder ihr immer wieder neue Seiten zu entdecken – ganz egal, wie lange Sie schon zusammen sind. Es gibt noch so viele Geheimnisse, denen Sie auf die Spur kommen können.

Das folgende Bild kann kein klärendes Gespräch oder die Suche nach neuen Lösungen ersetzen, aber es hilft uns, in einer immer wieder neu erfüllten Beziehung glücklich zu sein.

Imagination *Stellen Sie sich verschiedene Szenen in Ihrer Beziehung vor: wie Sie in trauter Zweisamkeit miteinander über alltägliche Angelegenheiten sprechen, zusammen Witze machen, essen, die Hausarbeit erledigen usw. Sie sehen vor Ihrem inneren Auge, wie Sie einander mit vielen kleinen Gesten Hilfsbereitschaft signalisieren und mit kleinen Aufmerksamkeiten Freude bereiten.*

Bejahung *Du tust mir gut und ich tu dir gut.*

Freundschafts-Mudra – Mudra gegen Einsamkeit

Vorbereitung Massieren Sie zuerst mit beiden Händen liebevoll Ihr Brustbein, bis Ihnen so richtig warm ums Herz wird.

Mudra Legen Sie die Daumenspitze jeder Hand an die Wurzel des Ringfingers und beugen Sie Ring- und Mittelfinger über den Daumen. Dann verschränken Sie die beiden kleinen Finger miteinander und legen die Spitzen der Zeigefinger aneinander. Halten Sie die Hände vor die Brust.

Atmung Atmen Sie dabei tief, langsam, rhythmisch und fein. Die Pausen nach dem Ein- bzw. Ausatmen sind etwas verlängert. Sie konzentrieren sich auf das Herz-Chakra.

Wirkung Diese Mudra hilft Ihnen, wenn Sie sich einsam und isoliert fühlen.

Dass man sich hin und wieder ein bisschen einsam fühlt, gehört wohl zum Leben. Das kann einem inmitten einer großen Familie, bei einem gesellschaftlichen Anlass oder daheim im stillen Kämmerlein passieren. Kürzlich erzählte mir eine bildhübsche 22-jährige Frau mit gutem Beruf, dass sie sich aus Mangel an Freunden aufgerafft hätte, allein in die Ferien zu fahren, sich da aber sehr einsam gefühlt hätte. Das Alter und die äußeren Umstände sind also wohl nur vordergründige Ursachen für Einsamkeit. Ich habe im Lauf der Jahre viele Menschen kennen gelernt, die unter Einsamkeit litten, und dabei häufig Folgendes beobachtet:

- Sie sondern sich selbst ab.
- Sie sind *sehr* wählerisch darin, mit wem sie sich abgeben.
- Sie nehmen die anderen oft gar nicht wahr – und deren Probleme erst recht nicht.
- Sie verhalten sich immer wieder so, dass gar kein zwischenmenschlicher Kontakt zustande kommen kann.
- Sie sind immer voll und ganz mit sich selbst beschäftigt.

- Sie beherrschen die Kunst des »kleinen Gesprächs« nicht.
- Sie zeigen keinen Sinn für Humor.
- Sie *wirken* nach außen hin arrogant.

Vielleicht kommt Ihnen der eine oder andere Punkt bekannt vor. Aber Sie wissen ja, Sie können Ihr Verhalten jederzeit ändern, selbst wenn es Ihnen schwer fällt. Ein Versuch – oder auch mehrere Versuche – lohnt sich.

Es gibt viele Strategien gegen die Einsamkeit. Aber die einfachsten sind immer noch die wirksamsten:
- nett sein zu *allen* Menschen – ein gutes Wort für *jeden* haben
- inneres Wohlwollen entwickeln und nur das Beste vom Mitmenschen denken – auch wenn er nicht tadellos funktioniert
- großzügig sein mit Anerkennung und Lob
- anderen Freude bereiten
- daran denken, dass ein Lächeln nichts kostet und Tür und Tor öffnet

Es gab eine Zeit in meinem Leben, da hätte ich mich am liebsten ins Bett verkrochen, und das Lachen war mir schon ganz vergangen. Eine einzigartige Übung hat mich aus dieser inneren und äußeren Isolation hinauskatapultiert. Diese Übung möchte ich Ihnen ganz besonders ans Herz legen. Ich könnte mir zwar vorstellen, dass sich Ihnen die Haare sträuben, wenn Sie sie lesen, dass Sie wütend werden oder sich sogar noch einsamer fühlen – aber machen Sie sie trotzdem. Sie haben nichts zu verlieren – Sie können nur gewinnen.

Begeben Sie sich an einen Ort, wo viele Menschen sind (in ein Restaurant, ein Kaufhaus, eine belebte Straße usw.). Richten Sie nun Ihre ganze Konzentration auf eine bestimmte Person und wünschen Sie dieser im Geist voller Inbrunst alles Gute – einen schönen Tag, wunderbare Freunde, eine nette Überraschung: einfach alles, was Sie selbst auch gern hätten. Stellen Sie sich ihr freudiges Gesicht und ihre strahlenden Augen vor. Bleiben Sie noch eini-

ge Sekunden in Gedanken bei dieser Person, dann konzentrieren Sie sich auf jemand anderen – und das Spiel beginnt von neuem. Bleiben Sie dabei aber absolut selbstlos, erwarten Sie nichts. Praktizieren Sie diese Übung bei alten, jungen, modebewussten, gebildeten und kranken, einfach bei ganz verschiedenen Menschen. Denken Sie dabei: »Ich wünsche dir für heute eine kleine oder große freudige Überraschung – einen Menschen, der dir hilft, dir etwas sagt oder etwas gibt, was dich glücklich macht.«

Schon nach einigen Wochen wird in Ihrem Inneren eine Veränderung stattfinden. Auch Ihre Ausstrahlung wird sich so verändern, dass Menschen Ihre Bekanntschaft suchen und gern mit Ihnen zusammen sind. Vielleicht möchten Sie nach diesen »Gedankenspielen« ja auch ganz real einmal jemandem eine Freude machen – nur zu. Sie finden sicher jemanden, den Sie überraschen können.

Wenn Sie sich einsam fühlen, sollten Sie nicht nach einer einzigen, ganz bestimmten Person suchen, sondern mit möglichst vielen Menschen in Kontakt kommen. Wer weiß, vielleicht lernen Sie ja Ihren Traumpartner durch seine Patentante kennen. Seien Sie auch bitte kein Snob: Viele Menschen, die nicht gleich auf Anhieb den Eindruck eines James Bond oder einer Miss Germany machen, verfügen über eine natürliche Herzenswärme und Hilfsbereitschaft und/oder haben vielleicht eine so interessante Lebensphilosophie entwickelt, dass kein Professor dabei mithalten könnte.

Zum Schluss möchte ich Ihnen noch ein Bild und eine Bejahung während des Haltens der Mudra vorschlagen:

Imagination *Sie stehen in einem riesigen Spiegelsaal. Sie lächeln und alle Spiegelbilder lächeln zurück. Sie strecken eine liebende Hand aus ... und ...*

Bejahung *Ich lächle in den Spiegel des Lebens, und das Leben lächelt zurück. Ich lächle in den Spiegel der Freundschaft, und die Menschen lächeln in Freundschaft zurück. Ich lächle in den Spiegel der Liebe, und Liebe erfüllt mein Herz.*

Balance-Mudra – Mudra gegen Stimmungsschwankungen

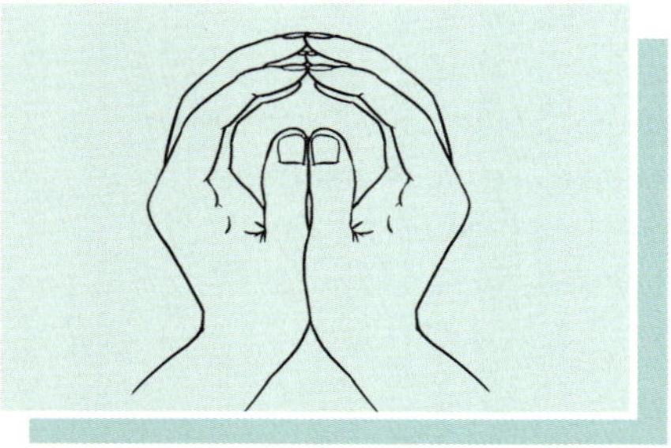

Vorbereitung Fügen Sie beide Hände wie zwei Mondsicheln zusammen, nur die Handwurzeln, die Fingerspitzen und die Daumen liegen aneinander. Reiben Sie nun die Finger sanft aneinander, so dass an allen Kontaktstellen eine feine Massage entsteht. Dann nehmen Sie die Finger leicht auseinander und reiben beide Handwurzeln aneinander.

Mudra Halten Sie die Hände so vor die Brust, dass beim Einatmen nur die Fingerspitzen und beim Ausatmen nur die Handwurzeln aneinander liegen. Dadurch entsteht eine leichte rhythmische Bewegung.

Atmung Atmen Sie dabei tief, langsam, rhythmisch und fein. Die Pausen nach dem Ein- bzw. Ausatmen sind etwas verlängert. Sie konzentrieren sich auf das Wurzel-Chakra.

Wirkung Diese Mudra fördert die seelische Ausgeglichenheit und hilft bei Stimmungsschwankungen.

Stimmungsschwankungen können durch den Hormonhaushalt, die Mondstellung oder einen Wetterumschwung ausgelöst werden und einem das Leben ganz schön schwer machen. Leichten Stimmungsschwankungen unterliegen die meisten Menschen, gerade Frauen sind davon häufig betroffen.

Alle lockeren und rhythmischen Bewegungen sind in diesem Fall hilfreich, ganz besonders Walken und Wandern. Tragen Sie bequeme Schuhe und bauen Sie das Gehen auch ganz bewusst in Ihren Alltag ein. Gehen Sie nicht zu schnell, aber rhythmisch und locker. Wenn Sie berufstätig sind, nützen Sie wenigstens die Mittagspause dafür. Schon 10 Minuten können genügen, damit Sie sich nachmittags besser fühlen und leistungsfähiger sind.

Neigen Sie zu Stimmungsschwankungen, helfen auch ein regelmäßiger Tagesablauf und feste Essenszeiten. Essen Sie so gesund wie möglich. Ausführlichere Informationen zu diesem Themenbereich finden Sie in meinem Buch *Mudras – Yoga mit dem kleinen Finger.*

Ihre innere Einstellung spielt dabei ebenfalls eine große Rolle. Distanzieren Sie sich innerlich von Ihren Stimmungen nach dem Motto: »Aha, heute bin ich also ein bisschen gereizt oder melancholisch oder pessimistisch oder ... Nun mache ich einfach das Beste daraus – *trotz allem* – und warte, bis die unangenehme Stimmung vorbeigeht.«

Hilfreich kann auch Musik sein – schwungvoll, melodisch und rhythmisch sollte sie sein. Oder wann haben Sie eigentlich das letzte Mal getanzt und gesungen?

Eine Freundin von mir sagt dazu: »Zuerst singe und tanze ich, dann heule ich los wie ein armer Schlosshund, danach fühle ich mich angenehm schlapp und zuletzt bin ich erleichtert und voller Freude und könnte wieder Berge versetzen.« Ich weiß, es braucht oft große Überwindung, sich zum Tanzen oder Singen aufzuraffen, wenn man ein Tief hat, auch wenn man genau weiß, dass es einem gut täte. Aber vielleicht kann Ihnen ja ein inneres Bild auf die Sprünge helfen.

Imagination *Stellen Sie sich vor, dass Sie an einem strahlend schönen Sommermorgen in einem Ruderboot auf einem See sitzen. Sie rudern in einem ganz gemächlichen Rhythmus und peilen dabei eine kleine Insel an, auf der ein großes Tanzfest stattfinden soll. Bekannte und Unbekannte winken Ihnen vom Ufer her zu und heißen Sie herzlich willkommen. Sie lassen sich von der Freude und Begeisterung der anderen mitreißen und beschließen, das Fest in vollen Zügen genießen.*

Bejahung *Mein Leben ist ein Geschenk – ich mache das Beste daraus.*

Konzentrations-Mudra – Mudra gegen das Burn-out-Syndrom

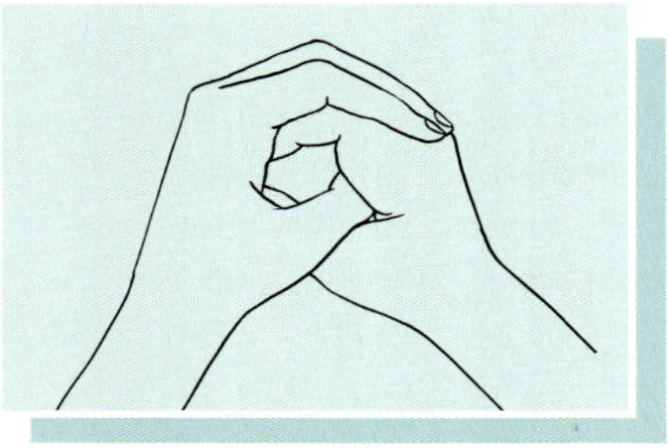

Vorbereitung Massieren Sie zuerst kräftig die Hände, als ob Ihnen kalt wäre.

Mudra Legen Sie alle Fingerspitzen der rechten Hand in die Handfläche der linken und beugen Sie die Finger der linken Hand darüber. Der linke Daumen zeigt ebenfalls nach innen. Halten Sie die Hände auf Höhe des Magens. Wenn nötig, legen Sie ein Kissen unter die Hände. Sie konzentrieren sich dabei auf das Solarplexus-Chakra.

Atmung Atmen Sie dabei tief, langsam, rhythmisch und fein. Die Pausen nach dem Ein- bzw. Ausatmen sind etwas verlängert. Konzentrieren Sie sich ganz auf Ihren Atem. Wenn andere Gedanken kommen, lenken Sie Ihre Aufmerksamkeit *erneut* immer wieder auf den Atem. Zählen Sie dabei von 27 rückwärts (einatmen – 27, ausatmen – 27, einamten – 26, ausatmen – 26 usw.). Bleiben Sie gelassen und entspannt. Ein kleiner Trost: Auch wenn Sie die Gedanken immer wieder von neuem auf den Atem ausrichten müssen, stärkt diese Übung das Gehirn.

Wirkung Einerseits aktiviert diese Mudra die Gehirntätigkeit, andererseits wirkt sie beruhigend auf ein überaktives Gehirn – das heißt, wenn wir gleichzeitig an alles und an nichts denken.

Zeiten, in denen wir uns »ausgebrannt« fühlen, folgen oft auf Zeiten, in denen wir überaktiv waren. Zerstreutheit nimmt dem Gehirn die Kraft. *Entspannte* Konzentration führt dazu, dass sich das Gehirn wieder erholen kann. Darum sind Hobbys von unschätzbarem Wert für die geistige, seelische und körperliche Gesundheit. Wenn Sie ein Hobby allerdings nicht mehr zum reinen Vergnügen pflegen, kann auch das Stress verursachen. Wenn Sie einer geistigen Tätigkeit nachgehen, sollten Sie zum Ausgleich für ein Hobby sorgen, bei dem Sie Ihre Hände und Ihre fünf Sinne einsetzen können. Üben Sie ein Handwerk aus, erholen Sie sich eher bei einer geistigen Tätigkeit.

Planen Sie auch immer von vornherein Zeiten für die Erholung ein. Dabei kommt es nicht einmal so sehr auf die Länge des Zeitraums an, sondern auf die Qualität.

Diese Mudra eignet sich auch vorzüglich fürs Büro. Eine ideale Ergänzung dazu ist die Gedächtnis-Mudra auf Seite 156. Zwischendurch sollten Sie den Raum gut lüften, ein bisschen darin herummarschieren, sich dabei die Hände reiben und danach ein Glas Wasser trinken. Dann können Sie sich in kürzester Zeit wieder gut konzentrieren.

Sehr erholsam für das Gehirn sind auch der Blick in die Weite, die Farbe Grün und weiche, runde Konturen.

Imagination *Malen Sie sich eine Parklandschaft aus, in der die Farbe Grün in vielen Nuancen vertreten ist. Betrachten Sie die verschiedenen Laub- und Nadelbäume, die Sträucher, Stauden, Gräser und Moose, die Formen und Farben der einzelnen Blätter. Stellen Sie sich vor, Sie würden das Bild mit den Augen regelrecht »trinken«. Nun kommt in Ihrem Park ein leichter Wind auf, und wie die Blätter lassen Sie sich von ihm sanft hin- und herbewegen – gerade so, als würden Sie gewiegt wie ein Kind. Summen Sie dabei eine beruhigende Melodie – eine bekannte oder eine, die Sie selbst erfinden.*

Bejahung *Meine Gedanken sind ruhig und klar und ich bestimme, was ich denken will.*

Wunsch-Mudra – Mudra der Fülle

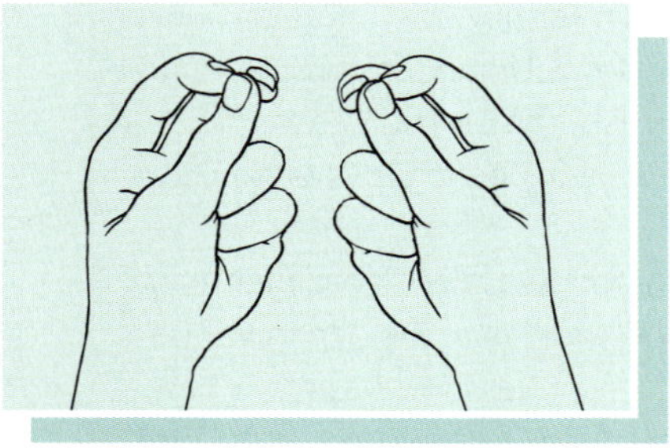

Vorbereitung Sie reiben zuerst für einige Minuten die Spitzen von Daumen, Zeige- und Mittelfinger jeder Hand aneinander und lassen sie dann aneinander liegen.

Mudra Die Spitzen von Daumen, Zeige- und Mittelfinger liegen also aneinander, die anderen zwei Fingerspitzen in der Handmitte. Die Hände ruhen locker im Schoß oder auf den Oberschenkeln.

Atmung Atmen Sie dabei tief, langsam, rhythmisch und fein. Die Pausen nach dem Ein- bzw. Ausatmen sind etwas verlängert. Sie konzentrieren sich auf das Herz-Chakra.

Wirkung Auf der physischen Ebene aktiviert diese Mudra die obere Atmung. Wenn Sie beim Atmen zusätzlich den Riechnerv einsetzen (Sie stellen sich vor, an etwas zu riechen), hilft sie auch gegen Schnupfen.

Die Wunsch-Mudra kann auch auf eine Weise wirken, die verstandesmäßig nicht mehr erklärbar ist. So habe ich damit schon oft die »richtigen« Leute zur »richtigen« Zeit kennen gelernt und gewünschte Dinge (sogar Geld) richtiggehend angezogen. Da dies meine meist praktizierte Mudra ist, darf sie in diesem Buch natürlich nicht fehlen.

Wir sind ja immer voller Wünsche – sie sind die Würze unseres Lebens. Wenn wir zu wenig Wünsche haben, wird das Leben fad. Haben wir dagegen zu viele Wünsche oder klammern wir uns zu sehr daran, wird unser Leben von krampfhaftem Bemühen bestimmt und wir können es nicht mehr richtig genießen. Wünsche zu haben ist ganz wichtig, denn das Streben nach Erfüllung bringt uns weiter auf dem Weg der geistig-seelischen Entwicklung. Wünsche halten uns jung und frisch. Wichtig ist jedoch das richtige Maß. Der Umgang mit Wünschen sollte bei aller Ernsthaftigkeit auch immer eine spielerische Note behalten. Schon die alten Yogis sagten, das Leben sei ein Tanz – ein Tanz mit dem überreichen, großzügigen und liebenden Universum.

Auf der feinstofflichen Ebene hilft uns diese Mudra, in jeder Lebenslage zu erreichen, was wir uns wünschen. Dass uns das Universum unsere Wünsche erfüllt, ist das eine, dass es uns aber (fast) immer auch etwas abverlangt, das andere. Wir sollten uns also immer gut überlegen, was wir uns wünschen.

Beim Wünschen sollte immer auch die Gegenwart mit einbezogen werden. Wir sollten also nicht erst dann ein glückliches Leben beginnen wollen, wenn sich dieser oder jener Wunsch erfüllt hat, sondern gleichzeitig aus der Gegenwart immer das Beste machen.

Wenn Ihnen das ganz klar ist, dann wollen wir jetzt ein paar Strategien entwickeln, wie wir am besten vorgehen können, damit sich unsere Wünsche auch wirklich erfüllen.

Geben Sie eine möglichst genaue Bestellung an das Universum auf: Bestellen Sie nicht einfach »Obst«, wenn Sie eigentlich Birnen wollen. Geben Sie auch an, wie Sie die Birnen haben wollen – reif, saftig, voller Nährwerte usw. Ganz wichtig: Bringen Sie Klarheit in Ihre Wünsche.

Überlegen Sie sich genau, wie Sie sich fühlen werden, wenn Ihr Wunsch in Erfüllung geht. Macht es Sie wirklich glücklich oder handeln Sie sich damit nur noch mehr Arbeit und Verantwortung ein? Es gibt einen Unterschied zwischen Ego- und Herzenswünschen. Das heißt nicht, dass die einen schlechter oder besser sind als die anderen. Aber die einen bringen uns nur ein »Schein-Glück«, während die anderen unserem wahren Wesen entsprechen und demzufolge zu innerer Zufriedenheit und Freude führen. Es kann durchaus ein paar Tage oder sogar Wochen dauern, bis wir herausgefunden haben, was unsere wirklichen Herzenswünsche sind.

Wie sehen Ihre Wünsche im Hinblick auf Ihre Gesundheit aus? Welche Wünsche haben Sie in Bezug auf Ihre Beziehungen, Ihren beruflichen Erfolg, Ihre Vorlieben und Hobbys, Ihre Ferien, Ihr Alter? Das Universum ist eine riesige Schatztruhe, und auch Herzenswünsche können durchaus einen materiellen Charakter haben. Während Sie die Mudra der Fülle praktizieren, denken Sie über Ihren Wunsch nach und fragen sich:

- Was bezwecke ich mit diesem Wunsch?
- Ist es ein Herzens- oder ein Egowunsch?
- Wie sieht mein persönlicher Einsatz aus, damit er sich erfüllt?
- Was bringt er mir äußerlich und innerlich?
- Was fordert er von mir, wenn er in Erfüllung geht?

Ich hatte schon Wünsche, die ich nach dieser Analyse wieder fallen ließ wie ein heißes Eisen. Oder ich habe die Wünsche so lange verändert, bis sie wirklich zu mir passten. Aber nun zu Ihrer »Bestellung«:

Imagination Visualisieren Sie einfach, was Sie haben oder tun oder sein möchten. Malen Sie sich aus, dass Ihr Wunsch in Erfüllung gegangen ist, und lassen Sie die Glücksgefühle, die Sie dabei empfinden, hochkommen. Schwelgen Sie noch eine Weile in diesen glücklichen Momenten.

Bejahung Ich öffne mich der göttlichen Kraft, Weisheit und Liebe und bin bereit, das Gute zu empfangen.

Ihre Haltung dem Universum gegenüber sollte dabei nicht ängstlich oder fordernd sein, sondern Sie sind gelassen, offen und voller freudiger Erwartung. Sehen Sie es einfach so, als hätten Sie einen Brief mit Ihrer detaillierten Bestellung auf die Post gebracht.

Machen Sie die Mudra der Fülle während 7 Tagen 3-mal täglich 5 bis 15 Minuten lang und lassen Sie den Wunsch dann los.

Ich wünsche Ihnen viel Erfolg! Und vergessen Sie nicht, dem Universum auch zu danken. Wenn sich ein materieller Wunsch erfüllt hat, sollten Sie sich mit einer Gabe (zum Beispiel einer Spende) dafür erkenntlich zeigen. Seien Sie auf alle Fälle immer großzügig – was wir in die Welt hineingeben, kommt immer wieder in entsprechender Weise auf uns zurück.

Auftritts-Mudra – Mudra für Selbstsicherheit

Vorbereitung Reiben Sie bei jeder Hand Daumen und Zeigefinger aneinander.
Mudra Beugen Sie Mittelfinger, Ringfinger und kleinen Finger jeweils zur Handmitte hin. Die beiden Daumen- und Zeigefingerspitzen liegen aneinander. Halten Sie die Hände vor die Brust, die Zeigefinger weisen dabei nach außen und die Daumen zur Brust hin. So bilden Ihre Hände einerseits eine Art Schild vor Ihrem Herzen, andererseits formen Ihre Zeigefinger eine Pfeilspitze, mit der Sie ins Schwarze treffen.
Atmung Atmen Sie dabei tief, langsam, rhythmisch und fein. Die Pausen nach dem Ein- bzw. Ausatmen sind etwas verlängert. Spüren Sie dem Atem in Brust und Bauch nach.

Wirkung Diese Mudra stärkt die Adrenalindrüsen und wirkt ganzheitlich.

Selbstsicherheit entwickelt sich aus dem Selbstvertrauen, und ein gesundes Selbstvertrauen ist im Gottvertrauen gegründet. Überlegen Sie einen Augenblick: Was heißt für Sie eigentlich Selbstsicherheit? Sie verfügen ganz bestimmt in vielen Bereichen über eine gute Portion Selbstsicherheit – in welchen? Denken Sie einmal darüber nach, denn allein schon diese Überlegungen können Ihr Selbstvertrauen auch in Bereichen stärken, in denen Sie ein bisschen mehr davon brauchen könnten.

Ich kenne da etwa eine Dame, die vor größerem Publikum zündende Reden hält, vor der eigenen Mutter aber wieder ganz klein und schüchtern wird. Mit Beispielen dieser Art könnte ich ganze Bücher füllen. Die Selbstsicherheit kann wie weggeblasen sein, wenn man vor seiner Mutter, seiner Tochter, seinem Chef, Partner, Lehrer oder Arzt steht. Die Personen und die Umstände (Angst vor einer Rede, einer Aussprache usw.) wechseln, aber das Schema bleibt bei zu wenig Selbstvertrauen immer dasselbe: Wir haben schlicht und einfach Angst vor einer Person oder einer Herausforderung.

Aber das können wir ändern. Wir müssen uns bewusst machen, dass wir ein ganzes Leben lang immer wieder vor neue Herausforderungen gestellt werden (die beteiligten Personen spielen dabei nur eine zeitweilige Rolle), in denen wir unser Selbstvertrauen neu aufbauen und unter Beweis stellen müssen. Das gehört einfach zu unserer inneren Entwicklung.

Die erste Hilfestellung in puncto Selbstvertrauen bekam ich von meinem ersten Yogalehrer. Er riet Menschen, die mehr Selbstvertrauen für ihre »Auftritte« brauchten (wir haben auch ganz privat unsere Auftritte): »Stehen Sie einfach zu sich selbst, geben Sie Ihr Bestes und vertrauen Sie darauf, dass es Anklang findet. Wenn es von Herzen kommt, erreicht es auch die Herzen der anderen.« Mit dieser Aussage im Hinterkopf kann ich heute vor jedem Publikum sprechen. Und noch etwas: Es ist gar nicht so wichtig, was man sagt oder tut. Es geht vielmehr darum, dass man sich ruhig und mit einer inneren Festigkeit für etwas einsetzt, dass man selbst davon überzeugt und begeistert ist und dass es allen Beteiligten etwas bringt. Wir müssen zu unserem Können und unseren Worten stehen. Eine Darbietung, eine Arbeit oder ein Gesprächsverlauf ist nie perfekt, man gibt aber sein Bestes. So sollen beispielsweise bei einer Rede die gewählten Worte nur ganze 10 Prozent des Erfolgs ausmachen; 90 Prozent gehen aufs Konto der nonverbalen Botschaften, die dabei ausgesendet werden.

Wie schon erwähnt, ist die Voraussetzung für eine gesunde Selbstsicherheit eine gute Portion Gottvertrauen. Was auch immer ansteht, ob es uns nun Spaß macht oder eher Unbehagen auslöst, wir sollten das Göttliche um Beistand bitten – wir können es ja sozusagen zu unserem Partner machen. Dann sind wir mächtig, dann kann uns keine Mutter, kein Chef oder kein Publikum mehr verunsichern.

So kann auch etwas, das uns zuerst missglückt vorkommt, trotzdem gelungen sein. Wir sollten nie kurzfristig und kleinlich denken, sondern langfristig und großzügig. Vielleicht kann uns ein »Versagen« vor etwas bewahren, das uns viel mehr Schmerzen verursacht hätte. Bedenken Sie auch immer, dass wahrer Erfolg sich nicht nur äußerlich bemerkbar macht.

Wichtig ist also vor allem unsere innere Einstellung zu dem, was uns bevorsteht. Wir sollten der Angst, die immer die Ursache von zu wenig Selbstvertrauen ist, ins Auge sehen: Was könnte ich dabei verlieren – und wäre das wirklich so schlimm? Was wäre, wenn ich mich vor diesem Menschen blamieren würde – wäre das wirklich so schlimm? Was wäre, wenn ich mit meinen Forderungen den Kürzeren ziehen würde – wäre das wirklich so schlimm? Denken Sie gründlich darüber nach und beleuchten Sie die Angelegenheit von allen Seiten. Verschaffen Sie sich Klarheit. Und lassen Sie sich nie von Ihrem Stolz hinreißen. Geben Sie bei der entsprechenden Gelegenheit (Auftritt, Gespräch usw.) das Beste, das Sie zu bieten haben, ohne absolut perfekt sein zu wollen.

Und noch etwas ist ganz wichtig: Machen Sie Ihren Humor zu Ihrem Verbündeten, bringen Sie ihn auf alle Fälle mit ins Spiel – er macht alles etwas leichter. Je schwerwiegender und schwieriger etwas ist, umso nötiger brauchen wir eine gewisse Leichtigkeit, die Licht in die Sache bringt.

Imagination *Auf jeden Fall sollten Sie sich vor dem anstehenden Ereignis den Verlauf und das Resultat Ihrer Bemühungen ganz detailliert, gelassen und ruhig ausmalen. Lassen Sie sich dabei viel Zeit. Probieren Sie verschiedene Varianten aus. Danach übergeben Sie das Projekt vertrauensvoll den kosmischen Kräften. Sie haben alles getan, was Sie tun konnten, und nun lassen Sie los. Sie haben den Boden gelockert, den Samen gelegt, mit Erde bedeckt und mit Wasser begossen. Keimen, sprießen, wachsen und erblühen wird er von selbst. Oder anders ausgedrückt: Die Schöpferkraft, die auch unser Leben beherrscht, ist nun am Werk.*

Bejahung *Es wird so, wie ich es sehe, oder es wird noch besser. Ich lobe und danke.*

Wellen-Mudra – Mudra gegen innere Spannungen

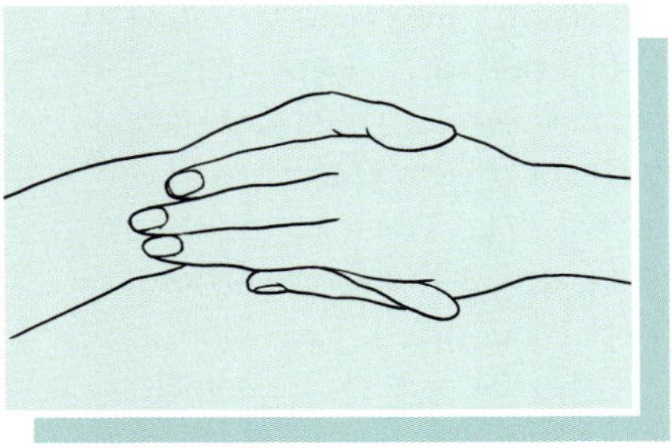

Vorbereitung Umfassen Sie das linke Handgelenk mit der rechten Hand und drehen Sie die linke Hand locker hin und her, wodurch eine feine Massage im linken Handgelenk entsteht. Danach massieren Sie das rechte Handgelenk auf dieselbe Weise.

Mudra Halten Sie die Hände so, dass Zeige-, Mittel- und Ringfinger der rechten Hand auf dem linken Handgelenk liegen. Daumen und kleine Finger sind ineinander verschränkt, die Hände liegen locker im Schoß.

Atmung Atmen Sie dabei tief, langsam, rhythmisch und fein. Die Pausen nach dem Ein- bzw. Ausatmen sind etwas verlängert. Vertiefen Sie während der ersten 12 Atemzüge die Ausatmung – stellen Sie sich dabei vor, wie Sie die inneren Spannungen durch das Ausatmen nach außen abgeben.

Wirkung Diese Mudra stärkt das Lymphsystem, die Geschlechtsorgane und den unteren Rücken. Sie kann auch bei Kopfschmerzen, Kreislaufstörungen, Wechseljahrbeschwerden und zu hohem bzw. zu niedrigem Blutdruck helfen. Wundern Sie sich nicht, wenn Sie während des Haltens einen Schweißausbruch bekommen. Das ist ein Zeichen dafür, dass Ihr Immunsystem auf Hochtouren läuft, um eine sich anbahnende oder schon vorhandene Erkältung oder Entzündung in den Griff zu bekommen. Zudem hat diese Mudra eine wohltuend beruhigende und entspannende Wirkung.

Äußere Unruhe, Hektik und Stress erzeugen auch im Inneren Unruhe und Anspannung, was enorm viel Energie beansprucht. Diese Energie bräuchten wir eigentlich, um den Pflichten des Alltags nachzukommen. Wenn der Energiepegel niedrig ist, dann schwächt dies jedoch u.a. auch das Immunsystem und wir werden anfälliger für Krankheiten aller Art. Oder es kommt an Schwachstellen zu Verspannungen, die recht schmerzhaft sein können, z.B. im unteren Rücken oder Nacken.

Innere Spannungen verändern auch die Atmung im negativen Sinn, was wiederum die Energieaufnahme beeinträchtigt. Wir verbrauchen dann also zu viel Energie und nehmen gleichzeitig zu wenig auf. Aus all diesen Gründen sollten wir uns gerade an hektischen Tagen genügend Zeit für diese Mudra einräumen.

Sehr erholsam, beruhigend und Kraft aufbauend kann dabei folgendes Bild sein:

Imagination *Stellen Sie sich vor, Sie sitzen am Meer. Sie schauen zu, wie die Wellen in gleichmäßigem Rhythmus auf Sie zukommen und wieder ins Meer zurückfließen. Der Wind, der die Wellen entstehen lässt, symbolisiert die innere Unruhe, die von der mentalen Ebene über die Emotionen auf den Körper übertragen wird. Mit jedem Atemzug fühlen Sie sich nun ruhiger, gelöster und friedlicher. Es ist, als würden die Wellen all Ihre Unruhe und Spannungen weit ins Meer hinaustragen. Lassen Sie die entstehende Leere zu in dem Wissen, dass sie sich mit neuer Energie füllen wird – und genießen Sie es!*

Bejahung *Ruhe in meinem Körper, Stille in meinem Geist und Frieden in meiner Seele – ich lasse es zu und es ist gut so.*

Kampf-Mudra – Mudra für das Immunsystem

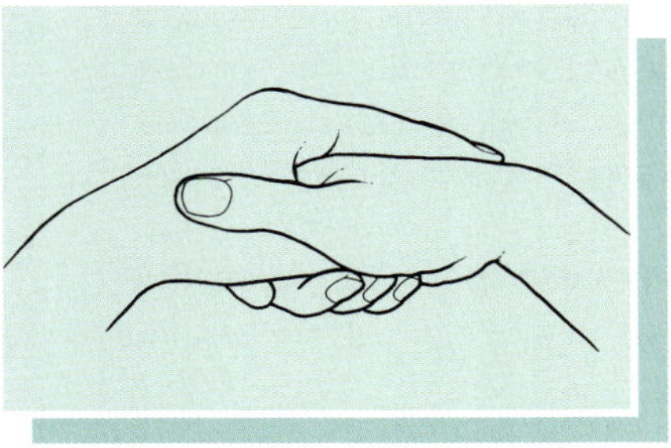

Vorbereitung Fassen Sie den rechten Zeigefinger mit dem Zeigefinger und Daumen der linken Hand und schütteln Sie die rechte Hand, als wollten Sie den Finger aus der Umklammerung befreien. Zählen Sie dabei bis 20. Dasselbe machen Sie dann mit allen Fingern beider Hände.
Mudra Umfassen Sie den linken Daumen mit den vier Fingern der rechten Hand. Den rechten Daumen legen Sie zwischen Zeigefinger und Daumen an den linken Handrücken. Halten Sie den linken und danach den rechten Daumen 7 bis 10 Minuten auf diese Weise (beide gleich lang).
Atmung Atmen Sie dabei tief, langsam, rhythmisch und fein. Die Pausen nach dem Ein- bzw. Ausatmen sind etwas verlängert. Spüren Sie dem Atem in Brust und Bauch nach.

Wirkung Diese Mudra stärkt Ihr Immunsystem und hilft Ihnen, Krankheiten schon im Vorfeld abzuwehren.

Seit ich wegen der Operationen im vergangenen Jahr und der nachfolgenden Infektionen drei »Antibiotika-Kuren« über mich ergehen lassen musste, weiß ich, was ein angeschlagenes Immunsystem bedeutet. Mit der Kampf-Mudra kann ich sich anbahnende »Attacken« erfolgreich abfangen und abwenden. Zusätzlich nehme ich dann sofort noch ein bis zwei Vitamin-C-Tabletten, die das Immunsystem aktivieren, und lege mir eine Wärmflasche auf die Leber, um das Gift gleich wieder herausschwitzen zu können.

Dass man viel trinkt (Lindenblüten-, Salbei- und andere Tees) sowie leicht und gesund isst, sollte eigentlich selbstverständlich sein. Eine fast 100-jährige Dame, die vor Gesundheit strotzte, sagte mir einmal, wie wichtig es sei, dass die Verdauung gut funktioniert, da so eine natürliche Entgiftung stattfinden kann. Es gibt heute verschiedene Mittel, die auf natürliche Weise den Stuhlgang aktivieren – lassen Sie sich an entsprechender Stelle beraten.

Wenn das Immunsystem vermehrt arbeiten soll, braucht es unbedingt Ruhe. Ein Schnupfen zeigt an, dass man »die Nase voll hat«, Halsweh, dass man »zu viel am Hals hat« usw. Dann ist es höchste Zeit, etwas kürzer zu treten und den Tagesablauf neu zu überdenken und zu planen. Gönnen Sie sich auch öfters einmal ein ruhiges Wochenende – je älter Sie werden, umso wichtiger werden solche Ruhephasen. Früher wurde am Sonntag prinzipiell nicht gearbeitet und dieser 7-Tage-Rhythmus hat durchaus seine Berechtigung. Denken Sie einfach, wenn Sie mit einer Grippe im Bett lägen, wären Sie auch außer Gefecht gesetzt. Warum also nicht schon im Vorfeld Abhilfe schaffen? Manchmal tut es auch einfach gut, sich einen schönen Tag im Bett zu machen. Diese Strategien sind sehr hilfreich – das garantiere ich Ihnen!

Wenn Ihr Körper eine Krankheitsattacke erfolgreich abwehren konnte, sollten Sie ihm zusätzlich einige ruhige und genussvolle Tage gönnen.

Imagination *Senden Sie im Geist heilendes Licht und Wärme in die angeschlagenen Körperbereiche – gerade so, als würden Sie Tausende von kleinen Lichtern in Ihren Zellen anzünden.*

Bejahung *Heilendes Licht, heilende Wärme und heilende Ruhe schenken mir Gesundheit und neue Frische.*

Brust-Mudra – Mudra für ein starkes Herz

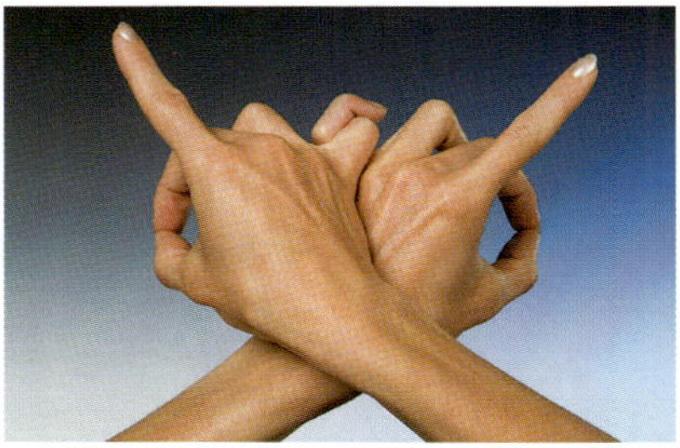

Vorbereitung Breiten Sie die Arme aus, als wollten Sie einen dicken Baum umarmen, und halten Sie sie einige Sekunden so – das dient zur Stärkung des Herz-Meridians.

Mudra Kreuzen Sie die Handgelenke, verhaken Sie die beiden kleinen Finger ineinander, legen Sie die Daumen- und Mittelfingerkuppen aneinander und halten Sie die Hände nach außen gerichtet vor die Brust. Beim Einatmen ziehen Sie die Hände sanft auseinander, bis eine angenehme Spannung im Brustbereich entsteht, und beim Ausatmen lösen Sie die Spannung wieder. Das wiederholen Sie 36-mal. Danach halten Sie die Hände noch eine Weile locker und entspannt und lassen sie bei Ermüdung in den Schoß sinken.

Atmung Atmen Sie dabei tief, langsam, rhythmisch und fein. Die Pausen nach dem Ein- bzw. Ausatmen sind etwas verlängert. Sie konzentrieren sich auf das Herz-Chakra.

Wirkung Diese Mudra stärkt das Herz und führt zu wohltuender Entspannung im Brustbereich.

Neue Forschungsergebnisse weisen nach, dass im Herzen Hormone ausgeschüttet werden, die für unsere *Empfindungen* (Liebe, Lust, Freude, Hingabe, Spiritualität usw.) und unser *Wohlbefinden* von größter Bedeutung sind. Auch die östlichen Weisheitslehren behaupten, dass Liebe und Freude in allen Ausprägungen von der Herzensenergie abhängen und Gefühle wiederum die Energie des Herzens stärken oder schwächen können. Liebe, ganz gleich auf welcher Ebene, ist eine Kraft, die Verbindung schafft und somit eine Kommunikation in die Wege leitet. Davon, ob die Herzensenergie stark oder schwach ist, hängt also ab, wie viel Liebe wir empfinden können, wie tief diese Liebe ist und wie weit wir imstande sind, uns zu freuen.

Liebe ist mit Schmerz verbunden und darum immer auch ein Wagnis.

Wenn wir uns der Liebe verschließen, schaden wir jedoch unserem Herzen und blocken viel Freude ab. Es ist gut, hin und wieder einmal über die Liebe nachzudenken. Die Liebe sollte nie nur auf einen Menschen ausgerichtet sein, sondern mehrere Menschen mit einbeziehen. Dann kann eine Lücke, die durch den Tod oder Weggang eines Menschen entsteht, eher wieder geschlossen werden, indem alle ein bisschen näher zusammenrücken.

Liebe ist ein Gefühl der Vertrautheit, das sich ständig verändert und weiterentwickelt. Distanz und Nähe wechseln einander ab wie Ebbe und Flut. Lassen wir es zu, denn das ist der natürliche Verlauf. Auch wenn die Liebe als die Kraft des Einsseins gilt, gehört das große Loslassen trotzdem dazu.

Wie schon erwähnt, gehört auch die Kommunikation zur Liebe und damit das Geben und Empfangen. Wie das Ausatmen das Einatmen bedingt, hängt das Empfangen ganz vom Geben ab. Geben mit dem Herzen – aber auch Geben mit Verstand und Geben ohne Berechnung – das ist echte Lebenskunst.

Uns steht ein ganzes Leben zur Verfügung, um das »Lieben« immer wieder neu zu lernen und zu üben. Wir werden wieder Fehler machen und neue Möglichkeiten haben, es besser zu machen. Das hält unser Herz frisch und gesund.

Die reinste Liebe ist sicher die spirituelle Liebe – die Liebe zum Göttlichen. Ehrlich gesagt habe ich damit jedoch etwas Mühe – es ist mir einfach zu abstrakt. Aber wenn ich mir vorstelle, dass mir diese Kraft aus jeder Blume und aus jedem Blick einer glücklichen Kreatur zulacht, dann – ja, dann – könnte ich die ganze Welt umarmen, so wie ich es am Anfang dieses Kapitels beschrieben habe.

Imagination *Stellen Sie sich einen oder mehrere Menschen vor und malen Sie sich aus, wie sie den Betreffenden Ihre Zuneigung und Liebe zeigen könnten – ohne jegliche Bedingung daran zu knüpfen.*

Bejahung *Ich liebe dich so, wie du bist, und öffne mein liebendes Herz auch den Tieren und Pflanzen.*

Verjüngungs-Mudra – Mudra für die Verdauung

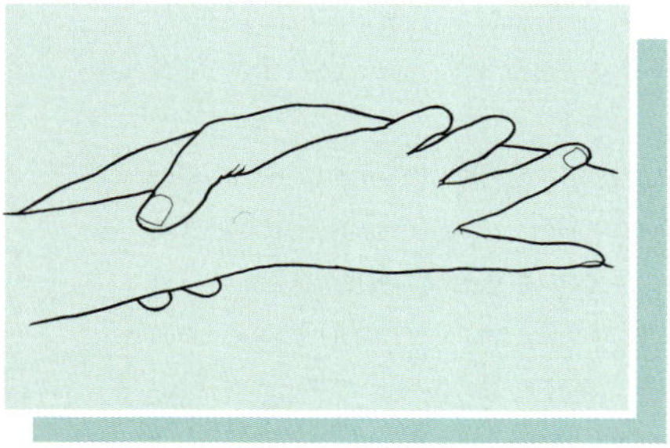

Vorbereitung Streichen Sie mit den Handflächen mehrmals sanft und rhythmisch über die Innenseiten der Unterarme.

Mudra Umfassen Sie beide Unterarme mit den Händen und lassen Sie die Hände dann ohne jeglichen Druck dort aufliegen.

Atmung Atmen Sie dabei tief, langsam, rhythmisch und fein. Die Pausen nach dem Ein- bzw. Ausatmen sind etwas verlängert. Spüren Sie dem Atem in Brust und Bauch nach.

Wirkung An den Innenseiten der Unterarme liegen Akupressurpunkte, deren Behandlung laut der traditionellen chinesischen Medizin eine Verjüngung bewirkt und die Verdauung anregt bzw. Blähungen verhindert.

Westliche Wissenschaftler haben herausgefunden, dass umso mehr Verschlackungen im Körper eines Menschen eingelagert werden, je älter er wird. Darum sind leichtes Essen, eine gute Verdauung und sporadische Entschlackungskuren besonders im Alter sehr wichtig.

Körperliche Fitness, eine positive Ausstrahlung und geistig-seelische Frische sind sicher die drei wichtigsten Komponenten »ewiger« Jugend. All das können wir erreichen, wenn wir bereit sind, Vergangenes und Verbrauchtes abzustreifen, das Beste aus der momentanen Situation machen und leichten Mutes und voller Zuversicht (Gottvertrauen) in die Zukunft blicken. Wie alt wir sind, spielt dabei eigentlich gar keine Rolle.

Ob wir uns alt oder jung fühlen, ist eine Frage der inneren Einstellung, und ob uns andere als jung oder alt wahrnehmen, hängt entscheidend davon ab, wie wir uns selbst sehen und präsentieren. Dabei sollten wir aber immer darauf achten, dass wir uns nicht zu betont auf jugendlich herausputzen, denn damit stoßen wir andere leicht ab und erlangen keine innere Reife. Es ist sehr wichtig, dass wir hin und wieder einmal über das Älterwerden nachdenken, denn dieser Prozess verläuft individuell ganz unterschiedlich und hat sehr viel mit unserer Lebensauffassung und Lebensplanung zu tun.

Es gibt auch heute noch viele alte und weise Menschen. Gerade vor ein paar Tagen hörte ich im Radio eine Sendung mit dem Titel »Gespräche mit über Hundertjährigen«. Das war mit Abstand das Interessanteste, was ich in den letzten Wochen gehört hatte. Es regte mich dazu an, mich selbst mit dem Alter auseinander zu setzen und mich zu fragen, wie ich meine alten Tage nutzen werde: Was werde ich sicher nicht mehr tun, was wird mich weiter beschäftigen und wie kann ich mir und anderen Freude bereiten? Vielleicht stimmt es ja: Wir bleiben dann jung, wenn wir uns mit positiver Einstellung, klarem Verstand und beherzt auf das Alter einlassen.

Die Elemente Sonne (Feuer), Wasser, Luft und die verborgenen kosmischen Energien sind die wichtigste Nahrung für Körper, Geist und Seele. Gerade wenn wir älter werden, sollten wir daher besonders darauf achten, dass wir täglich mindestens eine halbe Stunde spazieren gehen. Das folgende Bild kann Ihnen das bewusst machen und damit die Aufnahme dieser Elemente durch den Atem und die Poren verstärken.

Imagination *Es ist ein wunderschöner, warmer Sommertag. Sie stehen vor einem Wasserfall an einem Berg, ziehen sich aus und tauchen in das klare Wasser ein. Bei jedem Ausatmen sehen Sie, wie durch die Nase und aus all Ihren Poren Schmutz herausströmt und das Wasser um Sie herum verfärbt. Nach einer Weile bleibt das Wasser dann klar und Sie fühlen sich frisch und leicht an Körper, Geist und Seele. Nun legen Sie sich in die Sonne und lassen sich von Luft und Sonne trocknen. Ein leichter, warmer Wind liebkost Sie. Sie können ihn nicht sehen, aber Sie spüren ihn und wünschen sich, dass die noch weit kraftvolleren unsichtbaren Energien Sie stärken und laben. Sie fühlen sich, als wären Sie gerade einem Jungbrunnen entstiegen.*

Bejahung *Ich fühle mich wohl, ich fühle mich frisch, ich fühle mich stark.*

Nachdenk-Mudra – Mudra zur Sinnfindung

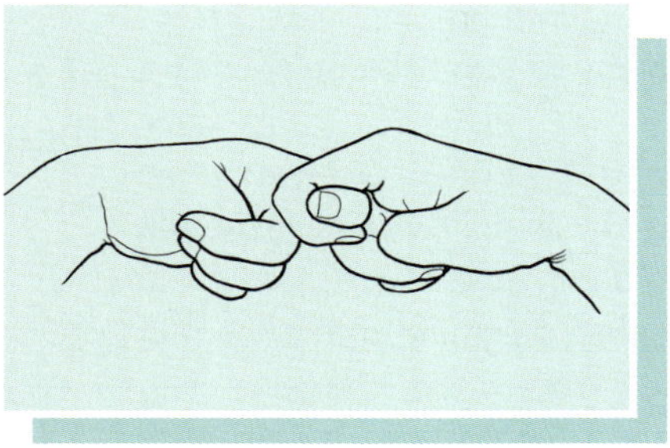

Vorbereitung Zuerst massieren Sie die beiden Zeigefinger und kleinen Finger.

Mudra Legen Sie den Daumen jeweils an die Wurzel des kleinen Fingers. Dann schließen Sie die Hände zur Faust, verhaken die beiden Zeigefinger ineinander und halten die Hände vor der Brust. Die rechte Handfläche zeigt nach unten, die linke nach innen zum Herzen.

Atmung Atmen Sie dabei tief, langsam, rhythmisch und fein. Die Pausen nach dem Ein- bzw. Ausatmen sind etwas verlängert. Sie konzentrieren sich auf das Stirn-Chakra.

Wirkung Diese Mudra stimuliert den Dickdarm- und den Herz-Meridian. Auf der mentalen Ebene stärkt sie die Fähigkeit, über etwas nachzudenken und Schlüsse daraus zu ziehen, auf der emotionalen Ebene hilft sie gegen Ängste.

Was ist der Sinn unseres Lebens? Diese Frage stellt sich uns immer wieder an Wendepunkten des Lebens. Während der letzten Monate hatte ich viel Zeit, darüber nachzudenken. Schließlich musste ich mir eingestehen, dass ich mich umso weiter von einer klaren Antwort entfernte, je mehr ich darüber nachdachte. Die Antworten vieler Religionen kennen wir; ihr Ziel ist zumeist die Erlösung (von was?) und ein schönes Jenseits. Früher war es in gewisser Hinsicht einfacher: Man gründete eben eine Familie, war im Beruf oder in karitativen Bereichen erfolgreich und suchte den Sinn des Lebens im »rechten« Lebenswandel.

Ich glaube, dass wir den großen und letzten Sinn unseres Lebens wohl nie ganz ergründen können, obwohl mir die Antworten der Yogis noch am plausibelsten erscheinen. Sie sagen, wir seien auf die Welt gekommen, um innerlich zu wachsen und zu reifen, um also immer weiser und edler zu werden, uns immer tiefer und inniger mit dem Göttlichen zu verbinden und letztendlich ganz in ihm aufzugehen.

Ich persönlich denke, dass alles im Universum einen Sinn hat. Das gilt auch für mich als Person, mein Leben und all meine Taten. Doch selbst mit diesem Glauben im Hintergrund ist es wichtig, dass wir im täglichen Leben immer wieder einen neuen Sinn finden. Das heißt auch, dass wir uns öfters neuen Herausforderungen stellen sollten, bei denen wir unsere Fähigkeiten und unsere Meisterschaft beweisen können.

Wie dem auch sei: Ich beschloss, meinem Leben wieder einen neuen Sinn zu geben, indem ich mir neue Aufgaben stellte, die zu meinem Alter, meinen Fähigkeiten und Bedürfnissen passten. Kaum hatte ich diesen Entschluss gefasst, gingen prompt einige Anfragen und Angebote bei mir ein, die mir bestätigt haben, dass jetzt Neues und Schönes für mich ansteht. Zudem wurde mir bewusst, dass es etwas überheblich ist, wenn ich mir anmaße, gleich den Sinn meines ganzen Lebens erkennen zu wollen. Es mag durchaus genügen, wenn ich herausfinde, was der Sinn der nächsten Jahre sein könnte.

Welchen Sinn gebe ich also dem nächsten Jahr oder Jahrzehnt? Diese Frage immer wieder neu zu stellen und neu zu beantworten macht Spaß und hält uns auf Trab. Wir dürfen oder müssen uns immer wieder neu ein- und ausrichten und können mit unseren vielfältigen Möglichkeiten und Fähigkeiten spielen. Unterschätzen Sie dabei nie den Wert von ganz alltäglichen Tätigkeiten oder die Bedeutung unseres Umgangs mit anderen Menschen: Das alles können Sie als neue Herausforderung betrachten und ein bisschen besser machen. Wir können uns und unser Leben immer wieder neu dem Göttlichen übergeben und uns helfen, führen und leiten lassen.

Imagination *Stellen Sie sich vor, Sie stehen unter einem unendlich weiten, funkelnden Sternenhimmel. Jeder Stern, jedes noch so kleine Licht hat in dieser wunderbaren Ordnung seinen Platz. Und das trifft auch auf Ihr Leben zu. Vertrauen Sie darauf, dass Sie den Sinn Ihres Lebens erfüllen und alle damit verbundenen Herausforderungen guten Muts meistern werden.*

Bejahung *Ich suche und finde im Hier und Jetzt den höheren bzw. tieferen Sinn.*

Haar-Mudra – Mudra für die Schönheit

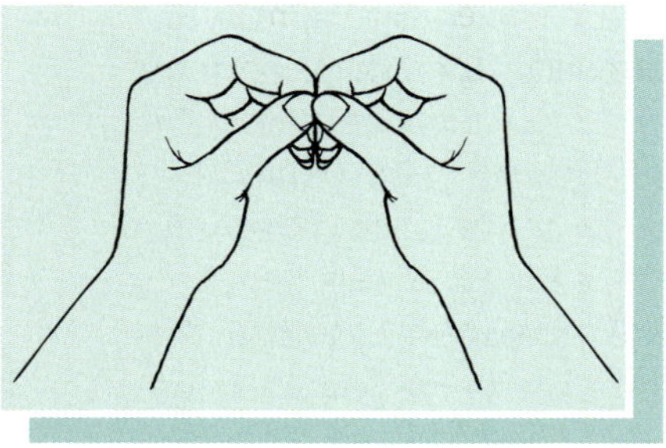

Vorbereitung Legen Sie den Daumen jeweils an die Außenseite des Zeigefingernagels. Dann fügen Sie die Nägel der übrigen Finger beider Hände zusammen. Nun reiben Sie rhythmisch, schnell und mit leichtem Druck die Fingernägel aneinander und zählen dabei langsam ungefähr bis 30.

Mudra Halten Sie die Hände danach eine Weile in der oben beschriebenen Stellung auf Magenhöhe.

Atmung Atmen Sie dabei tief, langsam, rhythmisch und fein. Die Pausen nach dem Ein- bzw. Ausatmen sind etwas verlängert. Spüren Sie dem Atem in Brust und Bauch nach.

Wirkung Diese Mudra ist gut für kraftvolles Haar und stärkt Nägel und Zähne. Sie kann auch kurz zwischendurch praktiziert werden.

Gesundes und kraftvolles Haar (auch feines Haar kann »kraftvoll« sein) und kräftige Nägel und Zähne sind ein Ausdruck von Gesundheit und Schönheit. Machen Sie sich immer wieder einmal Gedanken darüber, was Sie ganz persönlich unter Gesundheit verstehen. Aber auch die Schönheit sollte für uns ein Leben lang eine wichtige Rolle spielen. Einerseits geht es dabei um ein gepflegtes Äußeres, auf das wir alle großen Wert legen sollten – auch wenn wir allein sind. Andererseits sollten wir aber auch der natürlichen Schönheit, die von innen kommt, unsere besondere Aufmerksamkeit schenken.

Was macht nun die Schönheit aus, die von innen kommt? Was wir denken, spiegelt sich in unserem Gesicht und in unserer Haltung wider. Unser Innenleben bestimmt also auch unser Aussehen. *Ein wohlwollendes und liebevolles Lächeln verzaubert jedes Gesicht.*

Das Lächeln sollte uns jedoch nicht »ins Gesicht gefroren sein«, wie man so schön sagt, denn uns ist sicher nicht immer zum Lachen. Aber Mitmenschen, Tieren und Pflanzen, die ja nicht schuld sind an der gelegentlichen

»Misere« in unserem Leben, können wir trotzdem immer mit einem Lächeln begegnen. Dieses Lächeln sollte aber nicht leer sein: Füllen wir es doch mit unserer ganzen Herzenswärme. Jedes Lächeln ist wie das Öffnen einer Tür, um etwas Gutes in die Welt hinauszuschicken. Und durch die »Hintertür« – in diesem Fall etwa unsere Ohren – kommt das Gute wieder zu uns zurück.

Ein weiteres Attribut der Schönheit sind unsere Augen. Augen, die jemanden oder etwas mit Liebe, Wohlwollen und Verständnis betrachten, sind immer schön. Wenn sie dann auch noch über all die kleinen und großen Wunder in Ehrfurcht staunen können, dann strahlen sie richtig. Egal, wie alt, krank oder arm Menschen sind: Wenn sie strahlen, werden sie zu »Lichtern« in unserer Welt und bewirken viel Gutes – da, wo sie gerade sind. Wir alle haben das Potenzial in uns, Stützen der Gesellschaft und Lichter für unsere Mitmenschen zu sein. Und jetzt ist genau der richtige Zeitpunkt, um damit zu beginnen. Es ist auch schön zu wissen, dass wir selbst von dieser Haltung genauso viel oder sogar noch viel mehr profitieren als die anderen.

Vielleicht sind Sie ja schon ganz gut darin. Aber wir können immer noch besser werden. Es gibt jedoch auch Zeiten, da möchten wir den Kopf hängen lassen, sogar ein wenig in Selbstmitleid schwelgen – auch gut. Aber das wird ja sehr schnell langweilig. Da wollen wir uns doch lieber wieder in die Welt einbringen und sie mit einem liebevollen Lächeln und strahlenden Augen, denen nichts und niemand widerstehen kann, erobern.

Imagination *Üben Sie Ihr strahlendes Lächeln vor dem Spiegel und haben Sie Spaß dabei. Malen Sie sich ganz verschiedene Situationen aus, in denen Sie ein aufrichtiges und liebevolles Lächeln anbringen. Üben Sie es zuerst in Situationen, in denen es Ihnen leicht fällt; probieren Sie es dann aber auch da aus, wo Sie Mühe damit haben. Vielleicht können Sie mit einem Lächeln ja Starres erweichen, Verworrenes entwirren und Leichtigkeit und Licht in Bedrückendes hineinbringen.*

Bejahung *Mit meinem Lächeln besiege ich Ernst und Härte des Lebens und erobere die Herzen der Menschen.*

Muntermacher-Mudra – Mudra gegen unerklärbare Müdigkeit

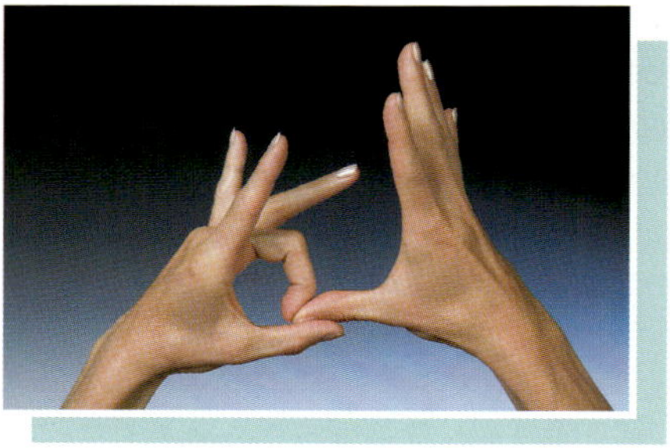

Vorbereitung Massieren Sie zuerst beide Mittelfinger und Daumen.

Mudra Legen Sie den Daumen der linken Hand auf den Nagel des Mittelfingers und schieben Sie dann den Daumen der rechten Hand dazwischen. Alle anderen Finger sind gestreckt. Halten Sie die Hände vor die Brust, die Unterarme sind waagrecht. Nach etwa 20 Atemzügen machen Sie dasselbe mit der rechten Hand und schieben den linken Daumen dazwischen.

Atmung Atmen Sie dabei tief, langsam, rhythmisch und fein. Die Pausen nach dem Ein- bzw. Ausatmen sind etwas verlängert. Verstärken Sie bei den ersten 12 Atemzügen die Einatmung und spüren Sie dabei in das Wurzel-Chakra hinein.

Wirkung Diese Mudra aktiviert generell die Energien, löst Energieblockaden und stimuliert besonders den Gallenblasen-Meridian. Machen Sie diese Mudra, wenn Sie sich öfters müde fühlen, wenn Sie vor einem ganzen Berg Arbeit sitzen oder wenn Sie eine neue Aufgabe in Angriff nehmen wollen.

Chronische Müdigkeit muss vom Arzt abgeklärt werden. Diffuse Müdigkeitserscheinungen sind jedoch schon fast zu einer Volkskrankheit geworden und machen vielen Menschen das Leben schwer. Zu viel Kopfarbeit kann uns geistig müde machen (siehe auch Pauker-Mudra Seite 154) und zu viel Sorgen, Enttäuschungen oder Trauer führen zu seelischer Müdigkeit. Und dann gibt es natürlich noch die rein körperliche Müdigkeit. Um sie zu beheben, genügt jedoch meistens schon eine erholsame Nachtruhe (abends einen Spaziergang machen) oder ein »faules Wochenende«.

Bei allgemeiner Müdigkeit ist es wichtig, die Ess-, Trink- und Ruhegewohnheiten neu zu überdenken und entsprechend zu verändern. Ein große Rolle spielt auch der regelmäßige Aufenthalt an frischer Luft und

Sonne. Wann sind Sie eigentlich das letzte Mal für mindestes 30 Minuten an einem Stück in flottem Tempo spazieren gegangen? Danach würden Sie eine angenehme Müdigkeit verspüren – genau das, was Sie brauchen, damit sich neue Kraft entwickelt und Ihre Lebensgeister wieder geweckt werden.

Es nützt schlicht und einfach nichts, den ganzen Tag an die Müdigkeit zu denken. Im Gegenteil: *Die Gedanken müssen beharrlich von dem abgezogen werden, was uns bedrückt, lähmt und müde macht.* Am besten hilft Ablenkung, wir sollten also ganz bewusst an etwas Positives und Schönes denken. Beschwingte Musik, harmonische Bilder und gute Bücher können in diesen Zeiten von unschätzbarem Wert sein. Ich weiß aus eigener Erfahrung nur zu gut, was chronische Müdigkeit ist. Und ich weiß, wie schwer es einen ankommen kann, »etwas dagegen zu tun«. Raffen Sie sich trotzdem auf – es lohnt sich!

Denken Sie auch öfter an all das, was Sie tun *würden*, wenn die verflixte Müdigkeit nicht wäre. Baden Sie so richtig wohlig in diesen Vorstellungen. Dann werden Sie schon nach einigen Tagen, spätestens aber nach drei Wochen – das garantiere ich Ihnen – merken, wie sehr diese Gedanken und Bilder Sie erfrischen und Ihre Lebenslust schüren. Damit programmieren Sie Ihr Unterbewusstsein neu. Sie programmieren ein neues Leben, und die Farbe Weiß hilft Ihnen in der folgenden Imagination dabei.

Imagination Sie sehen in einen schwarzen Nachthimmel. Vor Ihnen schwebt eine weiße Scheibe (ein warmes, weiches Weiß), die Sie mit jedem Atemzug größer werden lassen. Bald ist über, vor, unter und neben Ihnen und rund um Sie herum, inklusive Ihrer Kleidung, alles weiß. Machen Sie nun im Geist aus der lästigen Müdigkeit dunkle Knäuel und lassen Sie sie von der Farbe Weiß auffressen. Laben Sie sich noch einige Minuten an diesem Weiß und lassen Sie dann Bilder aufkommen von all dem Schönen, das Sie in Zukunft tun werden.

Bejahung Sprechen Sie aus ganzem Herzen: Das Leben ist wie eine Schatztruhe, die sich mir öffnet und mich reich beschenkt. Danke!

Magen-Mudra – Mudra gegen Sorgen

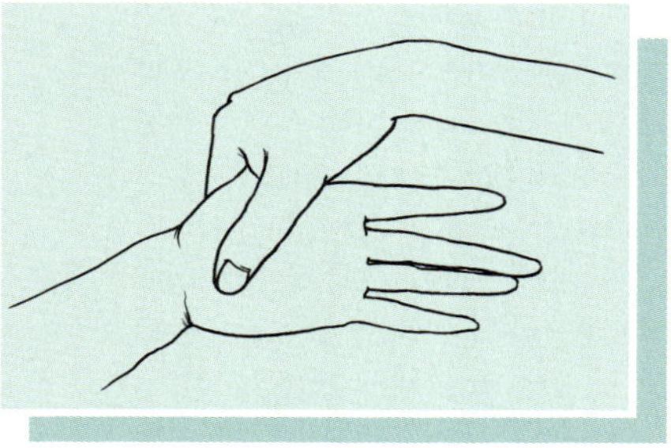

Vorbereitung Reiben Sie die Außenkanten des linken Daumens ca. 50-mal mit Daumen und Zeigefinger der rechten Hand.

Mudra Umfassen Sie den linken Daumen mit den Fingern der rechten Hand und legen Sie den rechten Daumen an den linken Daumenballen. Halten Sie die Hände vor den Solarplexus. Nach 10 bis 20 Atemzügen massieren und halten Sie den rechten Daumen gleich lang.

Atmung Atmen Sie dabei tief, langsam, rhythmisch und fein. Die Pausen nach dem Ein- bzw. Ausatmen sind etwas verlängert. Sie konzentrieren sich auf das Solarplexus-Chakra.

Wirkung Diese Mudra aus Japan wird generell bei Problemen mit dem Magen angewendet.

Bei Magenbeschwerden, die sich hauptsächlich in Form von Blähungen oder saurem Aufstoßen bemerkbar machen, hilft es, wenn Sie morgens und vor den Mahlzeiten jeweils ein Glas Wasser mit etwas Honig trinken. Ein Apfel zwischen den Mahlzeiten, leichte Kost mit wenig Fleisch, viel Salat (Soße mit Essig und Öl), Kartoffeln und Reis regulieren die Magensäureproduktion ebenfalls.

In der chinesischen Medizin heißt es, wenn Magen und/oder Milz schwach seien, habe der betreffende Mensch die Tendenz, Sorgen zu wälzen und neige zu Grübeleien. Nach meinen Beobachtungen in Beruf und Familie trifft das durchaus zu.

Wussten Sie schon, dass das Sich-Sorgen-Machen zu einer regelrechten Sucht werden kann? Und wissen Sie auch, dass sich Sorgen nie lohnen und der Preis dafür sehr hoch ist, da sich die Lebensqualität dadurch drastisch verschlechtert? Sorgen schaden immer – und zwar nicht nur dem, der sich Sorgen macht. Sie können auch dem schaden, um den er sich sorgt.

Denn die negativen Gedanken und Vorstellungen, die dabei produziert werden, haben die Tendenz, sich im Leben auch zu verwirklichen.

Sorgen kann man zwar nicht einfach abschütteln, aber man kann Strategien dagegen entwickeln. Wenn das Sich-Sorgen-Machen Ihr Problem ist, dann beobachten Sie sich einmal genau: Zu welchen Tageszeiten, »Nachtzeiten« oder an welchen Wochentagen neigen Sie vermehrt dazu? Sorgen können nicht nur zur Sucht werden, sondern sich auch zu einer schlechten Gewohnheit entwickeln, die sich so regelmäßig wie der Hunger zur Essenszeit meldet. Und wir hängen nun einmal an unseren Gewohnheiten: Als ich das kürzlich einer Klientin bewusst machen wollte, reagierte sie, als ob ich ihr ihr Lieblingsspielzeug entreißen wollte.

Mit dieser Mudra und der folgenden Imagination können Sie sich von dieser Gewohnheit lösen. Vielleicht überlegen Sie sich auch, ob Sie etwas wirklich Spannendes, das all Ihre Gedanken gefangen nimmt (ein interessantes Buch lesen, einen Film anschauen, ein kniffliges Rätsel lösen), zu solchen Zeiten machen könnten – auch wenn es mitten in der Nacht ist. Wenn Sie konsequent dabeibleiben, werden Sie nach einigen Tagen oder spätestens nach 3 Wochen (schlechte Gewohnheiten brauchen häufig etwa 21 Tage, bis sie umgepolt sind) merken, dass diese leidige Angewohnheit nicht mehr da ist. Bleiben Sie aber auf der Hut und achten Sie auch während der nächsten Monate besonders aufmerksam auf Ihre Gedanken: Schlechte Gewohnheiten nisten sich unbemerkt gern wieder ein.

Vielleicht denken Sie nun: »Schön und gut, aber ich habe schließlich berechtigte Gründe, mich zu sorgen.« Tja, da haben Sie sicher Recht – aber können Sie mit Ihren Sorgen das Problem denn lösen?

Die meisten Sorgen entstehen, weil man keine Kontrolle über eine Begebenheit oder einen Menschen hat. Aber die Vorstellung, über irgendetwas oder -jemanden die Kontrolle zu haben, ist sowieso illusorisch, denn wir können schlichtweg gar nichts wirklich kontrollieren. Schon morgen kann etwas Unvorhersehbares passieren, und alles ist plötzlich ganz anders. Das Schicksal oder das Göttliche hat es eben anders gewollt und wir haben die vielen Winke, die es uns zuvor gegeben hat, einfach nicht wahrhaben wollen. Wir können nur die bestmöglichen Voraussetzungen schaffen – aber auch da stoßen wir auf innere und äußere Grenzen –, den Rest müssen wir ohnehin dem Göttlichen überlassen.

Glauben Sie mir, ich weiß, wovon ich spreche. Vor meinem Unfall funktionierte ich bzw. mein Körper meistens tadellos und ich konnte damit rechnen, dass alles rund lief. Nun muss ich mich, wie sich gezeigt hat, auf unliebsame Überraschungen gefasst machen. Wenn ich anfangen würde, mir Sorgen zu machen – früher war ich darin Weltmeisterin –, müsste ich die interessantesten Arbeitsangebote und Aufträge jetzt von vornherein ausschlagen. Denn es könnte ja sein, dass ich nicht die volle Leistung erbringen kann ...

Am meisten hilft mir bei aufkeimenden Sorgen, wenn ich zur Mudra folgende Bilder heraufbeschwöre:

Imagination *Malen Sie sich in den buntesten Farben aus, wie alles optimal läuft. Sehen Sie vor Ihrem inneren Auge, wie zufrieden und glücklich alle Betroffenen (Sie selbst eingeschlossen) sind und wie sie das durch Worte und Gesten zum Ausdruck bringen.*

Bejahung *Ich übergebe ... (Problem oder Mensch benennen) den liebenden Händen Gottes und alles ist gut.*

Darm-Mudra – Mudra für Perfektionisten

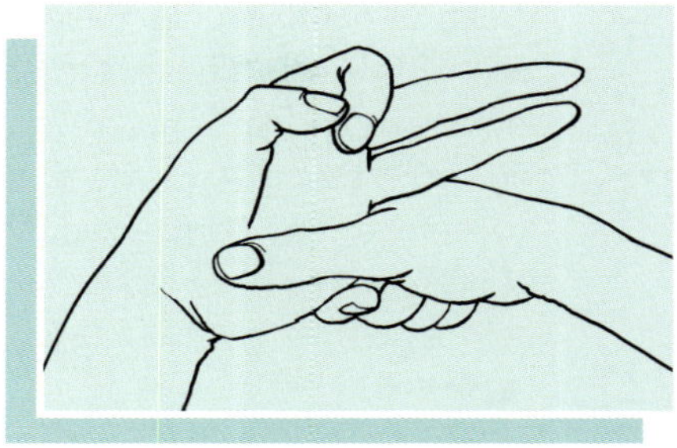

Vorbereitung Reiben Sie den rechten Zeigefinger etwa 50-mal mit Daumen und Zeigefinger der linken Hand, und zwar von der Spitze nach innen. Danach machen Sie dasselbe mit dem kleinen Finger. Nun gehen Sie zur linken Hand über und massieren dort Zeigefinger und kleinen Finger in der gleichen Weise.
Mudra Umschließen Sie den linken kleinen Finger mit den Fingern den rechten Hand. Den rechten Daumen legen Sie in die linke Handfläche und den linken Daumen auf die Außenkante des Zeigefingernagels. Danach halten Sie den rechten kleinen Finger gleich lang.
Atmung Atmen Sie dabei tief, langsam, rhythmisch und fein. Die Pausen nach dem Ein- bzw. Ausatmen sind etwas verlängert. Vertiefen Sie während der ersten 12 Atemzüge die Ausatmung. Konzentrieren Sie sich dabei auf das Wurzel-Chakra.

Wirkung Diese Mudra verschafft Linderung bei Bauchkrämpfen und regt Dick- und Dünndarm an.

Wir sagen nicht von ungefähr: »Das macht mir Bauchweh.« Zu viel Arbeit, zu hohe Anforderungen an uns selbst, Stress, Perfektionismus oder auch Hiobsbotschaften können wirklich Bauchkrämpfe verursachen. Aber auch »innere Vergiftungen«, die etwa von Medikamenten herrühren, können die Tendenz zu Bauchkrämpfen verstärken.

Als Sofortmaßnahmen bei Bauchkrämpfen helfen:

- warme Wickel oder Wärmflaschen
- Tee aus Fenchel, Anis, Kümmel oder Schafgarbe
- eine Bauchmassage mit kreisenden Bewegungen im Uhrzeigersinn (ca. 36-mal). Nach der Massage sollten Sie die Hände so auf den Bauch legen, dass die beiden Zeigefinger rechts und links des Nabels und die Mittelfinger zwei Zentimeter unterhalb des Nabels liegen.

Wenn Sie häufiger unter Bauchschmerzen leiden, sollten eine Darmreinigung und eine Ernährungsumstellung in Betracht gezogen werden. Nähere Informationen dazu finden Sie in *Das große Buch der Darmreinigung* von Norbert Messing. Auch Magnesium und der Vitamin-B-Komplex wirken entkrampfend. Der Darm erholt sich recht schnell wieder; Sie brauchen also keine Angst zu haben, dass Sie für den Rest Ihres Lebens auf alles, was Sie gern essen, verzichten müssen. Außerdem gibt es ja auch viele gesunde Leckereien.

Außerdem braucht der Darm Bewegung und Entspannung; Anregungen dazu finden Sie in gut geleiteten Yogakursen. Wenn Sie erst einmal gelernt haben, sich zu entspannen, können Sie mit Hilfe geeigneter Literatur auch daheim weiterüben. Vielleicht bringt Sie ja zum Beispiel mein Buch *Lust auf Yoga* ein bisschen auf den Geschmack.

Dickdarm und Lunge, Dünndarm und Herz stehen laut der chinesischen Medizin in einem Zusammenhang; ihnen wird unter anderem auch die Melancholie zugeordnet. Diese Form der Traurigkeit hat viel mit innerer Leere, Langeweile und Sinnlosigkeit zu tun. Unsere »Leitung« zum Göttlichen ist gestört, wir verlieren das Vertrauen und zweifeln immer wieder daran, dass es überhaupt eine höhere Macht gibt.

Um nicht denken zu müssen, stürzen sich viele Menschen in dieser Situation in viel zu viel Arbeit. Zudem streben sie in allem, was sie tun, Perfektion an und können eine beendete Arbeit oft nur schwer loslassen und abgeben (so wie auch im Darm das »Produkt« zurückgehalten wird). Häufig nehmen sie am Schluss noch Korrekturen und Änderungen vor, die eher der »Verschlechterung« als der Verbesserung dienen. Sie haben zu wenig Vertrauen in sich selbst und in ihre Arbeit und können nur schwer akzeptieren, dass sie und ihre Arbeit – auch ohne perfekt sein zu müssen – gut oder sogar sehr gut sind.

Da Perfektionismus einem das Leben wirklich schwer machen kann, ist es durchaus angebracht, darüber einmal gründlich nachzudenken. Wie heißt es doch so schön: »Strebe in allem die Perfektion an, aber sei kein Perfektionist«. Vielleicht hilft es uns ja ein wenig, wenn wir bedenken, dass es absolut nichts gibt, das endgültig fertig ist. Es gibt immer noch etwas zu verbessern, und nach ein paar Wochen oder Jahren würden wir sicher vieles wieder anders machen. Alles – jede Pflanze, jedes Tier, jeder Mensch – verändert sich innerlich und äußerlich fortwährend: Das ist das kosmische Gesetz der Evolution. Dazu gehört auch, dass unser Leben nach dem Tod nicht endgültig vorbei ist, sondern das Bewusstsein danach in anderer Form weiterbesteht. Wie die alten Yogis sagen, werden wir durch die verschiedenen Leben immer feiner geschliffen – bis wir strahlen wie ein reiner Diamant.

Bauchkrämpfe werden oft von inneren Verspannungen verursacht, die dazu führen, dass der Darminhalt nicht schnell genug weiterbefördert wird. Dann kommt es zu einer Art »inneren Verschmutzung«. Aber dagegen lässt sich etwas unternehmen: Das folgende Bild kann wie eine Art »innerer Großputz« wirken.

Imagination *Stellen Sie sich vor, von einer Glasröhre umgeben zu sein. Neben Ihnen steht ein Eimer mit schäumendem Seifenwasser. Ihre Glasröhre ist ganz schmutzig und verschmiert. Sie fangen nun an, das Glas mit dem Seifenwasser zu reinigen. Dabei bewegen Sie sich mit so viel Schwung wie ein übermütiges Kind. Der Eimer füllt sich immer wieder neu mit frischem Wasser und die schmutzige Brühe läuft ab.*

Bejahung *Reinheit schenkt Klarheit.*

Blasen-Mudra – Mudra für Flexibilität

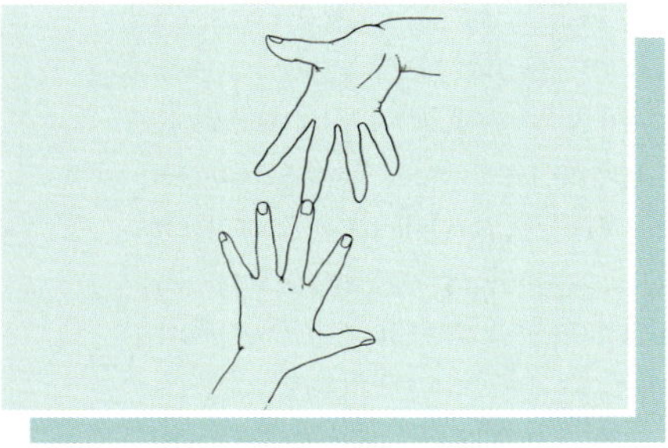

Vorbereitung Massieren Sie zuerst 10 bis 30 Sekunden lang die Reflexzone der Blase (siehe Seite 20). Danach massieren Sie den Endpunkt des Blasenmeridians an der Wurzel des Mittelfingers.

Mudra Streichen Sie die Hände aus, spreizen Sie die Finger und legen Sie die Spitzen der Mittelfinger aneinander. Dabei halten Sie die Hände so, dass die Mittelfinger senkrecht stehen. Die *rechte Handfläche zeigt dabei nach innen und die Finger sind nach unten gerichtet;* sie befindet sich zwischen Magen und Nabel. *Die linke Handfläche zeigt nach außen und die Finger weisen nach oben;* sie wird entsprechend tiefer gehalten. Die beiden Mittelfinger sind durch den entstandenen Druck leicht nach hinten gebeugt.

Atmung Atmen Sie dabei tief, langsam, rhythmisch und fein. Die Pausen nach dem Ein- bzw. Ausatmen sind etwas verlängert. Vertiefen Sie bei den ersten 12 Atemzügen die Ausatmung und atmen Sie dann wieder wie vorgegeben. Konzentrieren Sie sich auf das Wurzel-Chakra.

Wirkung Diese Mudra kommt aus Bali und wird morgens beim Reinigungsritual praktiziert. Sie stärkt die Blasenenergie und wirkt allgemein reinigend und erfrischend. Die Blasenenergie hängt auf der geistig-seelischen Ebene mit der Fähigkeit des Loslassens, der Anpassung und der Flexibilität zusammen.

Zusätzlich ist die Kerze des Yoga eine wirkungsvolle Übung gegen chronische Blasenentzündung. Gegen Blasenschwäche hilft das Anspannen und Loslassen des Blasenringmuskels (5-mal täglich je 10-mal praktizieren).

Menschen und/oder Altes und Verbrauchtes loszulassen fällt den meisten von uns schwer. Das führt zu viel Leid, Groll, Gram und Enttäuschungen. Daher sollten wir lernen, uns von vornherein darauf einzustellen, dass wir Menschen nicht an uns binden können, dass wir uns bei Krankheiten oder beim Älterwerden den veränderten Lebensumständen neu anpassen müssen und dass wir leider das Schöne der Vergangenheit nun einmal nicht festhalten können.

Gerade heute las ich einen Spruch, der mich sehr berührt hat: Loslassen heißt, etwas niederlegen zu können, ohne es als Niederlage betrachten zu müssen. Aber vielleicht denken Sie auch lieber an die Geschichte von »Hans im Glück«, der alles weggab und dabei immer glücklicher wurde.

Auch ich habe mittlerweile erfahren müssen oder dürfen, dass das Leben, das für mich vorgesehen ist, durch Festhalten und Sturheit nicht besser wird. Es wird jedoch leichter und entfaltet seine volle Dynamik, wenn ich bereit bin zum Loslassen, mich veränderten Situationen immer wieder neu anpasse und offen bin für die neuen Geschenke des Universums.

Das folgende Bild hilft mir, wenn ich mich wieder einmal in etwas verrannt habe:

Imagination *Stellen Sie sich vor, an einem wunderschönen, tosenden Wasserfall zu stehen. Ihm übergeben Sie nun lauter dunkle Kugeln – all die Gedanken und Gefühle, die Sie belasten und traurig machen. Dann wenden Sie sich dem Strom zu, der nun wieder ruhig dahinfließt. Am Ufer liegt ein Boot, das sie jetzt mit all dem Schönen beladen, das Sie gezwungen sind abzugeben. Wenn es um Menschen geht, die Sie loslassen müssen, lassen Sie diese Menschen in das Boot steigen. Es wird vom Strom der Liebe getragen, der ins Meer des Göttlichen mündet. Mit leeren Händen, die Sie zu Schalen formen, stehen Sie da und sind nun bereit, von neuem Schönes und Gutes entgegenzunehmen.*

Bejahung *Ich weiß um den Lauf der Dinge, lasse los und öffne mich erleichtert und beherzt erneut der Zukunft.*

Aufräum-Mudra – Mudra zur Auflösung von Traumata

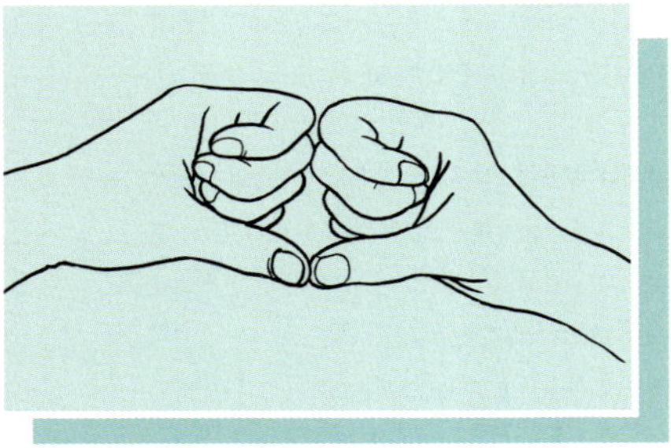

Vorbereitung Reiben Sie Hände so, als ob Sie dazwischen ein Stück Pizzateig zu einer Kugel formen wollten.

Mudra Beugen Sie die Finger beider Hände und legen Sie die Kuppen auf die Fingerberge, die sich an den Fingerwurzeln befinden. Die Kuppen der beiden Daumen sowie die mittleren Gelenke der Mittelfinger liegen aneinander. Dann halten Sie die Hände vor den Bauch – so tief wie möglich.

Atmung Atmen Sie dabei tief, langsam, rhythmisch und fein. Die Pausen nach dem Ein- bzw. Ausatmen sind etwas verlängert. Spüren Sie dem Atem in Brust und Bauch nach.

Wirkung Die Aufräum-Mudra bewirkt, dass Traumata, also unverarbeitete Erinnerungen an alte Verletzungen, die im Unterbewusstsein gespeichert sind, ans Licht kommen oder sich einfach auflösen.

Praktizieren Sie diese Mudra während 7 Tagen täglich 3 bis 7 Minuten. Achten Sie Sie während dieser Tage auf leichte Ernährung und trinken Sie viel.

Wir alle haben körperliche und seelisch-geistige Verletzungen davongetragen und in unserem Unterbewusstsein gespeichert. Sie können uns im Alltag oder in bestimmten Situationen behindern, zu unangemessenen Reaktionen hinreißen, Angst auslösen, uns traurig machen oder sogar erneut Schmerzen zufügen. Viele Traumata sind in unserem Unterbewusstsein gespeichert, weil wir sie damals nicht verarbeiten konnten oder sie zu viel Scham, Groll, Schuldgefühle usw. in uns ausgelöst haben. Aber inzwischen wissen wir, dass wir keinerlei derartige Gefühle haben müssen – ganz egal, was wir uns selbst zugefügt haben, was uns zugefügt worden ist oder was wir im Leichtsinn (ein guter Ausdruck) getan oder verursacht haben. Das alles waren wichtige Lektionen unserer Lehrjahre. Wenn wir perfekt wären, dann wären wir gar nicht auf der Welt – und zudem wäre das ja auch furchtbar langweilig.

Nun ist es an der Zeit, in unserem Unterbewusstsein aufzuräumen. Oder halten Sie es für Zufall, dass Sie gerade diese Mudra aufgeschlagen haben?

Wenn Sie diese Mudra praktizieren, kann es sein, dass Sie vermehrt träumen – auch Träume können Ordnung ins Unterbewusstsein bringen und uns entlasten. Wenn alte Erinnerungen auftauchen oder Ihnen Unangenehmes aus der Vergangenheit bewusst wird, lassen Sie das alles sofort los. Schwelgen Sie nicht in Schuldgefühlen oder Groll und Hass, sondern vergeben Sie, was auch immer geschehen ist. *Finden Sie stattdessen heraus, was Sie daraus lernen können und wie Sie in der Gegenwart sich und anderen Gutes tun könnten.*

Diese Mudra birgt noch ein kleines Geheimnis – lassen Sie sich überraschen! Denn im Unterbewusstsein ist auch viel Schönes, beispielsweise Ihr ungenutztes Potential an Fähigkeiten, Möglichkeiten und Ihre Kreativität verborgen. Wenn Sie sich diesem Bereich ein wenig öffnen, wird sich auch das offenbaren. Ist Ihnen nicht schon aufgefallen, dass kreative und interessante Menschen oft nicht ganz pflegeleicht für ihre Mitbürger sind? Sie sind übersensibel und oftmals auch launisch. Dafür ist ihr Leben jedoch auch um einiges bunter und interessanter. Ihr Zugang zum Unterbewusstsein ist offen und durchlässig; ihr inneres Potenzial kann sich voll entfalten.

Wir brauchen ja nicht gleich zu einem launischen Künstler zu werden wegen dieser Mudra. Aber sich tolle Ideen für den Alltag einfallen lassen, neue Fähigkeiten und Möglichkeiten entdecken, interessante Projekte anpacken – das wäre doch auch was für uns. Es gibt so viel Interessantes, das wir tun könnten, ganz egal, wie alt oder jung oder arm oder reich wir sind!

Imagination *Legen Sie Schreibzeug in Reichweite. Dann stellen Sie sich vor, wie sich die Tür zu Ihrem Unterbewusstsein einen Spaltbreit öffnet. Wenn eine schlechte Erinnerung hochkommt, schreiben Sie auf, was Sie aus der damaligen Situation gelernt haben. Wenn gute Ideen auftauchen, notieren Sie auch diese auf Ihrem Zettel.*

Bejahung *Ich finde den Kern des Guten, der in jeder Lernsituation steckt.*

Flow-Mudra – Mudra der Glückseligkeit

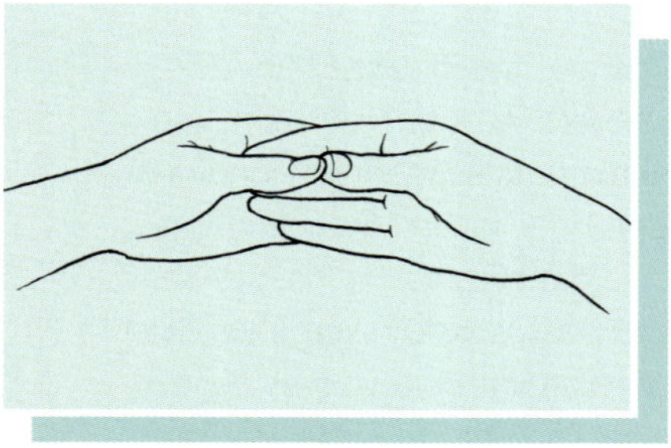

Vorbereitung Sie streichen zuerst die Hände aus und schütteln dann die Handgelenke aus.

Mudra Formen Sie die linke Hand zur Schale und legen Sie die rechte hinein. Die Fingerspitzen der rechten Hand liegen an den Fingerbergen der linken, die Daumen sind aneinander gefügt. Die Hände liegen entspannt im Schoß.

Atmung Atmen Sie dabei tief, langsam, rhythmisch und fein. Die Pausen nach dem Ein- bzw. Ausatmen sind etwas verlängert. Konzentrieren Sie sich auf das Stirn-Chakra.

Wirkung Wenn Sie diese Mudra morgens mit dem Trance-Atem (siehe Seite 37) kombiniert praktizieren, kann sie Ihnen wunderbare Glücksmomente bescheren, die Ihnen den Tag in einem strahlenden Licht erscheinen lassen und Ihnen Kraft für den Alltag geben. Wenn Sie abends damit meditieren, schenkt sie Ihnen Zuversicht, Ruhe und einen guten Schlaf.

Ihre rechte Hand, die mit der linken Gehirnhälfte zusammenhängt, nach außen wirkt und aktiv ist, ruht in der linken Hand, die mit der rechten Gehirnhälfte und den inneren, den göttlichen Kräften verbunden ist. Diese Mudra symbolisiert, dass Sie Ihre Arbeit, Ihr Leben und Ihr ganzes äußeres Sein vom Inneren, vom Göttlichen, tragen, schützen und halten lassen.

Dies zu wissen und zu spüren kann uns eine wunderbare Gelassenheit und Zuversicht geben. Wir tun unser Bestes – vielleicht ist es nur ganz wenig, aber auch das ist genug – und übergeben dies und uns selbst den liebenden Energien des Universums.

Das Universum trägt und führt uns, und es will immer das Beste für uns. Das kann manchmal jedoch auch schmerzen, wenn wir unseren Weg vor lauter Stress und Eigensinn nicht mehr sehen und dann zum Innehalten gezwungen werden müssen. Aber mit der Ruhe und Besinnung, die uns diese Mudra schenkt, kommt auch Klarheit auf. Damit wird die Sicht frei auf den »richtigen« Weg und wir erkennen, was für uns das Wesentliche ist. So kann uns diese Mudra vor vielem Ungemach bewahren und uns neben den momentanen Glücksgefühlen, die sie uns schenkt, auch auf lange Sicht helfen und bereichern.

Wir leben in einer eher undankbaren Welt und manchmal kann uns das schon traurig machen oder frustrieren. Wenn wir aber unser Tagwerk dem Göttlichen zu Ehren verrichten und ihm übergeben, dann brauchen wir schlicht und einfach keine dankbaren Mitmenschen mehr – und der Lohn des Universums ist uns gewiss.

Wenn wir diese Mudra morgens und abends praktizieren, verhilft sie uns auch dazu, dass in unserem Leben alles richtig läuft. Wir treffen zur richtigen Zeit und am richtigen Ort auf die richtigen Leute und Dinge. Und es fällt uns leichter, positiv zu denken, geduldig, gelassen und den Menschen wohl gesinnt zu bleiben.

Imagination *Stellen Sie sich eine weiße Leinwand vor, auf die Sie in Ihrer Lieblingsfarbe einen einzigen Satz schreiben. Formulieren Sie dazu ein Ziel oder einen Wunsch in positivem Wortlaut. Dann lassen Sie den Satz nach oben schweben und konzentrieren sich wieder auf den Atem. Lassen Sie die Gedanken kommen und gehen und versenken Sie sich immer wieder von neuem in den Rhythmus des Atems.*

Bejahung *Ich habe alles in mir, was ich brauche, um glücklich zu sein.*

Loslass-Mudra – Mudra gegen Liebeskummer

Vorbereitung Massieren Sie mit den beiden Zeigefingern die Nasenwurzel.

Mudra Halten Sie die Hände nun so, dass die Zeigefinger rechts und links an der Nasenwurzel liegen, die Mittelfinger die Stirn und die Daumen das Kinn berühren.

Atmung Atmen Sie dabei tief, langsam, rhythmisch und fein. Die Pausen nach dem Ein- bzw. Ausatmen sind etwas verlängert. Vertiefen Sie bei den ersten 12 Atemzügen die Ausatmung und atmen Sie dann wieder wie vorgegeben. Konzentrieren Sie sich auf das Stirn-Chakra.

Wirkung Diese Mudra ist gut für die Blase, aber auch für die Augen und die Stirnhöhlen. Der Druck der Zeige- und Mittelfinger aktiviert die Blasenenergie und regt zudem die Tränendrüsen an (Weinen tut gut und löst seelischen Schmerz).

Die Loslass-Mudra hilft auch bei Liebeskummer, wenn jemand also vom Partner verlassen, zurückgewiesen, enttäuscht und/oder schlichtweg nicht mehr geliebt wird. Dieser seelische Schmerz kann tage- oder auch wochenlang anhalten, selbst wenn man bereit ist loszulassen. Um diese Zeit einigermaßen gut zu überstehen, ist Ablenkung sicher hilfreich, aber ganz verdrängen sollte man den Schmerz doch nicht. Liebeskummer gehört meines Erachtens zu den qualvollsten Gefühlen, die es überhaupt gibt. Daher fällt es mir auch schwer, dazu tröstende Wort zu finden, denn Worte reichen hier bei weitem nicht aus.

Unglücklich endende Liebesbeziehungen verzerren meistens auch die Wahrnehmung. Dann idealisieren wir entweder unseren Partner und sehen nur seine guten Seiten, denen wir nachtrauern, oder wir sehen nur noch seine Fehler und die Liebe schlägt in Hass um. Sowohl Liebe als auch Hass sind jedoch verbindende Gefühle und können zu Ketten werden, die es langsam, aber sicher abzustreifen gilt. Auch die sexuelle Anziehung, die durch das Verlassenwerden durchbrochen wird, kann große Schmerzen verursachen. Dann kann es zu regelrechten »energetischen Entzugserscheinungen« kommen. Denn mit jedem Lebewesen, mit dem wir zusammenleben, tauschen wir Energie aus. Nach einer Weile gewöhnen wir uns daran und es kann zu einer Art Abhängigkeit kommen. Es dauert dann gewöhnlich einige Zeit, bis diese Energieresonanz wieder aufgelöst wird.

Deshalb ist es enorm wichtig, nach einem Bruch wirklich die Distanz zu wahren. So können wir es schaffen, dem Expartner nach einigen Monaten wieder zu begegnen, ohne dass diese heiß geliebten und doch so schrecklichen Schmetterlinge im Bauch uns wieder in Aufruhr versetzen. Wie wahr ist doch das Sprichwort »Lieber ein Ende mit Schrecken als ein Schrecken ohne Ende«. Nach einer bitteren Enttäuschung sollten wir auch darauf achten, dass sich kein bleibender Groll einnistet – schließlich gibt es unzählige wunderbare Frauen und Männer jeden Alters. Der Mensch, um den wir trauern oder der uns enttäuscht hat, darf nicht zum Maßstab für alle anderen werden. Das folgende Bild kann Ihnen helfen, sich von schmerzlichen Liebesbeziehungen zu lösen. Machen Sie diese Imaginationsübung mindestens 7 Tage lang 2- oder noch besser 3-mal täglich 3 bis 7 Minuten.

Imagination *Malen Sie im Geist auf den Boden vor sich eine große Acht. Dann setzen Sie sich in die eine und Ihren früheren Partner in die andere Schleife. Nun sehen Sie viele farbige Bänder, die Sie an diesen Menschen binden. Benennen Sie die Bänder mit positiven und negativen Begriffen (Liebe, Vertrauen, Untreue, Verrat, Ausnützung usw.) und schneiden Sie mit jedem einzelnen Atemzug ein Band durch. Wenn Sie alle Bänder durchtrennt haben, lassen Sie Ihr Gegenüber in Freundschaft gehen. Auch Sie verlassen jetzt die Acht und begeben sich an einen schönen Ort, an dem Sie sich wohl fühlen und andere Menschen treffen.*

Bejahung *Ich lasse dich los, genieße meine neue Freiheit und bin offen für die Menschen, die die Zukunft mir bringt.*

Relax-Mudra – Mudra gegen Verspannungen

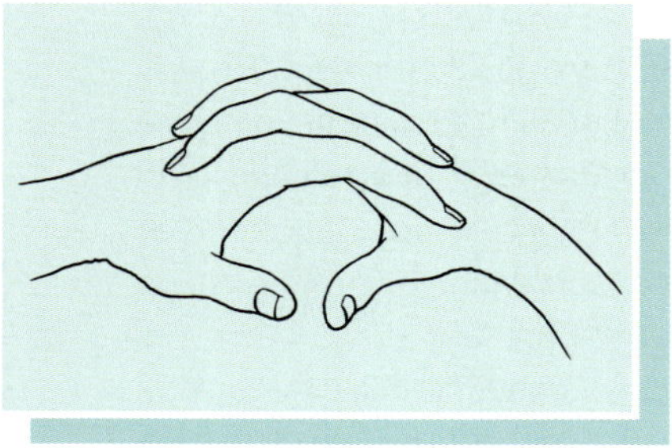

Vorbereitung Sie reiben die Handrücken aneinander und schütteln danach die Hände locker aus.

Mudra Verschränken Sie die Hände ineinander und spüren Sie die Fingerspitzen auf den Handrücken. Der linke Zeigefinger liegt in der Mulde zwischen Daumen und Zeigefinger der rechten Hand. Die beiden Daumen werden einige Millimeter auseinander gehalten, sie dürfen einander nicht berühren.

Wenn Sie dabei sitzen, drehen Sie die Handflächen nach oben und legen die Handgelenke locker auf die Oberschenkel. Wenn Sie dabei liegen, legen Sie die Hände mit den Handflächen nach unten auf den Bauch, gerade so, dass Sie es bequem haben. Schieben Sie ein gerolltes Frottierhandtuch unter die Oberschenkel, das unterstützt die Entspannung und den Energiefluss.

Atmung Atmen Sie dabei tief, langsam, rhythmisch und fein. Die Pausen nach dem Ein- bzw. Ausatmen sind etwas verlängert. Vertiefen Sie bei den ersten 12 Atemzügen die Ausatmung und atmen Sie dann wieder wie vorgegeben. Spüren Sie dem Atem in Brust und Bauch nach.

Wirkung Mit dieser Mudra können Sie sich innerhalb kürzester Zeit (10 bis 20 Minuten) wunderbar entspannen und abends nach der Arbeit besser abschalten. Das verhilft Ihnen auch zu einem besseren Schlaf. Außerdem können Sie sich damit vor einem Auftritt, einer wichtigen Sitzung oder einer schwierigen Arbeit sammeln und neue Kraft schöpfen. Anschließend machen Sie dann am besten die Power-Mudra auf Seite 112.

Verspannungen im Nacken, im Rücken oder auch innere Verspannungen, die die Herz-, Lungen- oder Verdauungsfunktion beeinträchtigen, kennen heute viele Menschen. Verspannungen sind jedoch die schlimmsten »Energieräuber«, und ein Manko an Energie ist eine der Ursachen der meisten Zivilisationskrankheiten. Viele Menschen »entspannen« sich abends vor dem

Fernseher, essen oder trinken zu viel oder nehmen Drogen (auch Medikamente), obwohl sie eigentlich wissen, dass das nicht der richtige Weg ist. Aber was können wir sonst dagegen tun? Sport oder Yoga ist sicher hilfreich, aber manchmal können wir uns dazu einfach nicht mehr aufraffen. Vielleicht könnte ja diese Mudra zu Ihrem ganz persönlichen Rezept gegen Verspannungen werden.

Noch ein paar allgemeine Tipps zur Entspannung:

- Gönnen Sie sich eine warme Dusche oder ein Entspannungsbad (Lavendel, Vanille oder Orangenblüte).
- Legen Sie unter jeden Fuß einen Tennisball und rollen Sie die Füße locker vor- und zurück.
- Legen Sie sich mit aufgestellten Beinen auf den Rücken: Nun lassen Sie die Beine langsam im Atemrhythmus von einer Seite zur anderen sinken.
- Stellen Sie sich Ihre Arme ganz schwer vor, heben Sie sie nach oben und lassen Sie sie mit einem tiefen Ausatmen langsam wieder hinabsinken, indem Sie die Schultern nach vorn sinken lassen. 6- bis 12-mal wiederholen.
- Essen Sie so wenig Fleisch wie möglich.

Da Verspannungen häufig vom Denken verursacht werden, ist das folgende Bild ein wunderbares Gegenmittel:

Imagination *Stellen Sie sich vor, Sie befinden sich in einem alten römischen Luxusbad. Das Wasser, das Ihnen herrliche Entspannung bringt und Ihre Seele baumeln lässt, stammt aus heißen Quellen und riecht wunderbar. Sie lassen sich rundum verwöhnen mit feinem Essen, Trinken und vielleicht sogar mit einer Massage oder Sex – eben mit allem, was Ihnen ein absolutes Wohlgefühl vermittelt. Was auch immer Ihnen gut tut und Spaß macht, malen Sie sich in den buntesten Farben aus.*

Bejahung *Ich fühle mich wie ein Fisch im Wasser, geschmeidig, gelöst und voller Wohlbehagen.*

Power-Mudra – Mudra für neuen Antrieb

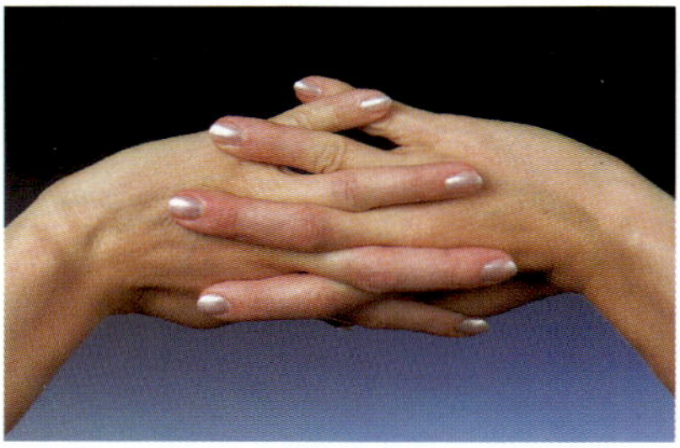

Vorbereitung Zuerst reiben Sie ganz kräftig die Handflächen aneinander, danach den linken Handrücken mit der rechten Hand und zum Schluss den rechten Handrücken mit der linken Hand. Die Hände sollen dabei richtig heiß werden.

Mudra Verschränken Sie die Finger, drehen die Handflächen nach außen und strecken die Arme kräftig nach oben. Einatmen und die Arme strecken; ausatmen und die Hände bei seelischer Abgespanntheit mit den Handfächen an die Brust, bei geistiger Erschöpfung an den Hinterkopf oder mit den Handrücken an die Stirn legen. Danach lassen Sie die verschränkten Hände an der Brust bzw. am Hinterkopf oder an der Stirn liegen.

Atmung Atmen Sie dabei tief, langsam, rhythmisch und fein. Die Pausen nach dem Ein- bzw. Ausatmen sind etwas verlängert. Vertiefen Sie bei den ersten 6 Atemzügen die Einatmung und atmen Sie dann wieder wie vorgegeben. Sie konzentrieren sich auf das Stirn-Chakra.

Wirkung Diese Mudra wirkt wie ein Aufputschmittel, ohne jedoch nervös zu machen. Neben den Antriebspunkten aktiviert sie auch Punkte gegen seelische Verstimmungen und Depressionen. Außerdem ist sie gut für die Blase sowie für die Hormondrüsen und hilft auch bei Stimmungsschwankungen und Stimmungstiefs während der Wechseljahre.

Sie können morgens noch einige Minuten mit am Hinterkopf oder an der Stirn verschränkten Händen im Bett liegen bleiben, sich mit Plänen für den neuen Tag befassen und dann den Tag frisch und in guter Stimmung beginnen. Vieles in unserem Alltag ist ja vorgegeben, wir haben feste Arbeitszeiten und Verpflichtungen. Aber uns bleibt immer noch etwas Zeit zur freien Verfügung und wir sollten uns darüber Gedanken machen, was wir mit dieser Zeit anfangen wollen. Sonst ergeht es uns wie schon so oft: Die Zeit verrinnt mit lauter Nichtigkeiten (nichts sagenden Telefonaten, langweiligem Fernsehprogramm, unnötigen Besorgungen usw.).

Nicht nur unsere Verpflichtungen können und sollen wir also morgens schon planen, sondern auch unsere Mußestunden, in denen wir das tun können, was uns wirklich entspricht und Freude macht. Wir sollten uns auch immer wieder einmal eine Belohnung gönnen.

Wenn sich dann im Lauf des Tages ein Tief einstellt, was laut Meridianlehre vor allem gegen 11, 14, 17 oder 19.30 Uhr der Fall sein kann, helfen ein paar kleine Tricks:

- Öffnen Sie das Fenster und lassen Sie frische Luft herein.
- Trinken Sie ein Glas Wasser.
- Essen Sie etwas Süßes (eine ganz kleine Dosis genügt), vielleicht auch etwas Obst oder Dörrobst.
- Verschaffen Sie sich Bewegung.
- Gönnen Sie sich eine Pause mit der Relax-Mudra auf Seite 110 (schon 3 Minuten können genügen), dann gehen Sie zur Power-Mudra über.

Bedenken Sie: Sie könnten im Grund noch viel mehr leisten. Sie haben Ressourcen in sich, die noch gar nie richtig ins Spiel gebracht wurden. Die Power-Mudra kann zu Ihrem ureigenen »Power-Rezept« werden!

Was weckt sonst noch unsere Lebensgeister? Nicht zu unterschätzen sind schöne Tagträume. So wie uns negative Vorstellungen Energie rauben und uns buchstäblich »niedergeschlagen« zurücklassen, so erfrischen und erquicken uns schöne Erinnerungen, tolle Zukunftsvisionen und positive Tagträume.

Imagination *Stellen Sie sich ein Ereignis vor, das Sie in Schwung bringt und Ihre Hormone tanzen lässt. Denken Sie an ein Erfolgserlebnis – im Beruf, im Sport, im sozialen Bereich – wie wär's denn mit Verliebtsein?*

Bejahung *Mit kühlem Kopf, mit warmem Herzen und voller Elan meistere ich meinen Tag.*

Courage-Mudra – Mudra gegen Lampenfieber

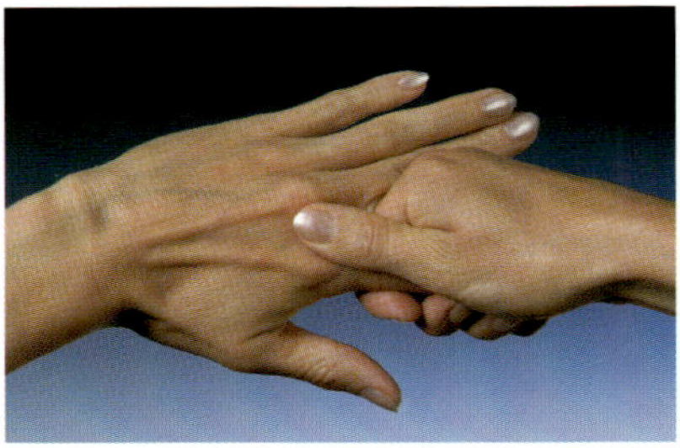

Vorbereitung Umfassen Sie das rechte Handgelenk mit der linken Hand und drehen Sie die rechte Hand 7-mal, um einen leichten Massageeffekt zu erzielen. Danach machen Sie dasselbe mit der linken Hand. Anschließend werden die beiden Zeigefinger massiert.

Mudra Umfassen Sie den linken Zeigefinger mit der rechten Hand. Dabei sollte die Zeigefingerspitze am Berg des rechten Ringfingers liegen. Danach umfassen Sie den rechten Zeigefinger mit der linken Hand gleich lang. Halten Sie die Hände auf Höhe des Herzens.

Atmung Atmen Sie dabei tief, langsam, rhythmisch und fein. Die Pausen nach dem Ein- bzw. Ausatmen sind etwas verlängert. Seufzen Sie bei den ersten 3 Atemzügen tief und atmen Sie dann wieder wie vorgegeben.

Wirkung Auf der körperlichen Ebene beeinflusst diese Mudra die Energie der Nieren und des Dickdarms in positiver Weise. In der Akupressur wird mit dem Reiben des Zeigefingers die Gehirnenergie angeregt und in der Handlesekunst steht der Zeigefinger für Selbstbewusstsein, Selbstausdruck und für Selbstverwirklichung. Der rechte Zeigefinger verkörpert außerdem Zielstrebigkeit und der linke die verborgene Kraft, die dem Menschen zur Selbstverwirklichung verhilft.

Hinter Lampenfieber steckt zumeist die Angst zu versagen und die Angst vor Menschen. Lampenfieber drückt auch immer einen Mangel an Vertrauen zu sich selbst und Misstrauen anderen Menschen gegenüber aus. Wer Lampenfieber hat, hat schlichtweg Angst, vor sich selbst und vor anderen nicht bestehen zu können.

Die Courage-Mudra zu praktizieren und den Atem zu verlangsamen ist das eine, was wir dagegen tun können. Aber ebenso wichtig sind die folgenden Überlegungen: Diese panikartige Angst wird geschürt, wenn wir stur an *einer einzigen Lösung* festhalten und meinen, dass die Welt untergehen müsse, wenn wir es nicht schaffen. Wir meinen, dass wir uns dann blamieren und Verachtung und Schmach einhandeln würden. Wenn wir aber Vertrauen aufbringen und uns sagen: »Ich mache es so gut wie möglich und es wird gut«, dann wird es auch gut gehen.

Es kann manchmal sogar ein Vorteil sein, wenn wir eine Prüfung oder bei einem Gespräch nicht bestehen. Denn dadurch bleibt uns ja vielleicht eine Ausbildung oder eine Anstellung erspart, die uns ohnehin nicht entspricht und uns nur unglücklich machen würde. Gerade junge Menschen machen vieles den Eltern zuliebe, ohne weiter darüber nachzudenken. Damit beginnt dann oft ein jahrelanger Leidensweg, wenn die Tätigkeit ihren eigenen Neigungen und Fähigkeiten nicht entspricht. So kann ein scheinbares Versagen oder Unglück, wenn man es im richtigen Licht betrachtet, manchmal eine Wende im Leben bedeuten, eine *not-wendige* Kurskorrektur, die uns wieder auf den uns bestimmten Weg bringt. Dazu gehört auch, dass wir unsere ureigene Aufgabe finden, die wir in unserem eigenen und im Interesse der Welt zu bewältigen haben.

Das folgende Bild kann uns von der bevorstehenden Herausforderung ablenken, die Aufregung ein bisschen dämpfen und neue Relationen schaffen.

Imagination *Sie sehen sich ein Jahr (oder auch fünf oder zehn Jahre) später in einem wunderschönen Restaurant sitzen. Dort feiern Sie mit einem oder mehreren Ihnen wirklich gut gesinnten Menschen ein Fest zu Ihren eigenen Ehren. Sie sehen Ihr glückliches Gesicht vor sich und hören, wie Sie den anderen viel Gutes, Erfolgreiches und Erfreuliches von sich erzählen. Ihre Gäste freuen sich mit Ihnen und lassen Sie hochleben.*

Bejahung *Die verborgenen Schätze meines Lebens will ich entdecken und voll auskosten.*

Ego-Mudra – Mudra für die Liebe zu sich selbst

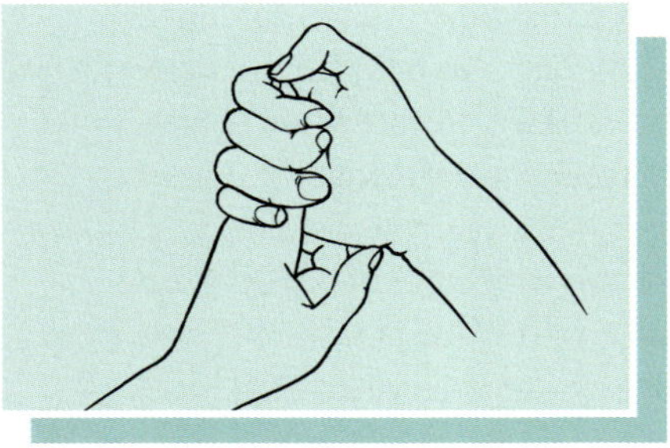

Vorbereitung Machen Sie mit der linken Hand eine Faust. Dann strecken Sie den linken Zeigefinger nach oben, umschließen ihn mit den Fingern der rechten Hand und massieren ihn.

Mudra Halten Sie nun den linken Zeigefinger umschlossen, legen Sie die rechte Daumenspitze auf seine Spitze und heben Sie die Hände zum Herz-Chakra.

Atmung Atmen Sie dabei tief, langsam, rhythmisch und fein. Die Pausen nach dem Ein- bzw. Ausatmen sind etwas verlängert. Ihr Bewusstsein ist auf das Herz-Chakra ausgerichtet.

Wirkung Diese Mudra stimuliert die Energie der Geschlechtsorgane, des Dickdarms und der Milz, die wiederum für das Immunsystem eine wichtige Rolle spielt. Auf der seelisch-geistigen Ebene hilft sie auch bei Angst vor Krankheiten.

Es ist einfach, sich selbst zu lieben, wenn alles tadellos läuft, wenn der Körper reibungslos funktioniert, wenn wir Erfolg haben und dementsprechend gut drauf sind. Wie steht es damit aber, wenn unser Körper streikt: Ausgerechnet am »wichtigsten Tag« haben wir die Grippe oder Bauchkrämpfe, wir reagieren falsch, blamieren uns, sagen zu viel oder zu wenig, lassen uns über den Tisch ziehen, bürden uns zu viel auf, vernachlässigen uns selbst usw. Wo bleibt dann unsere Selbstliebe? Können wir immer noch zu uns stehen, uns trösten und aufmuntern? Wenn wir es selbst nicht tun – wer sonst?

Wie oft hören wir, wie Menschen sich selbst beschimpfen, oder müssen zusehen, wie sie sich selbst bestrafen. Aber das macht die Sache nicht besser – wem bringt es denn etwas? Ganz egal, was wir vermasselt haben, da hilft nur eines: Wir müssen unsere Kräfte sammeln – körperlich, geistig und seelisch – und retten, was eben noch zu retten ist. Oder nochmals von vorn beginnen und es diesmal besser machen. Vielleicht müssen wir auch hin und wieder unseren Stolz begraben und etwas zurücknehmen, um Verzeihung bitten oder unser Unvermögen eingestehen. Aber damit machen wir uns keineswegs klein, sondern zeigen unsere innere Größe und Stärke – und das kann durchaus Eindruck machen und vieles wieder zurechtbiegen.

Es ist ganz wichtig, dass wir immer liebevoll für uns selbst sorgen, dass wir uns mit größtem Respekt begegnen und wohlwollend und verständnisvoll mit uns umgehen. Egal, woher wir kommen, egal, wie wir uns in der Vergangenheit verhalten haben, egal, welch unbequeme Charaktereigenschaften wir haben: Wir verdienen unsere volle Achtung und Zuneigung. Scham, Selbstverachtung und Schuldgefühle sind wie Zentnerlasten an unseren Füßen, wie Giftpfeile in unserem Herzen und wie dunkle Rauchwolken in unserem Kopf. Damit kommen wir im Leben keinen Schritt weiter. Werfen Sie all diese negativen Gedanken und Gefühle auf der Stelle in hohem Bogen über Bord – *sofort und falls nötig auch immer wieder.* Fangen Sie neu an – und zwar *hier und jetzt*. Sie wissen, wie Sie es besser machen können. Sollten Sie trotzdem wieder in alte Muster verfallen, was machen Sie dann? Genau: Sie beginnen wieder von neuem – und zwar immer wieder. Sie werden sehen: Der Tag wird kommen, an dem Ihnen vieles leichter fällt.

Sorgen Sie liebevoll für sich, haben Sie Geduld mit sich und lieben Sie sich von ganzem Herzen. Stehen Sie zu sich selbst wie eine gute Mutter und ein guter Vater zu ihrem Kind stehen und wie das Göttliche auf jeden Fall zu Ihnen steht. Machen Sie sich selbst immer wieder Mut und auch einmal eine Freude: Belohnen Sie sich von Zeit zu Zeit mit Blumen, Büchern, CDs, hübschen Sachen oder Naschereien.

Vielleicht ist diese Mudra für Sie ja die wichtigste überhaupt. Praktizieren Sie sie so lange, bis Ihnen diese liebe- und verständnisvolle Haltung in Fleisch und Blut übergegangen ist. Es geht nicht darum, dass Sie sich verhätscheln, sondern darum, dass Sie einerseits im richtigen Maß von sich das Beste fordern und sich andererseits das gönnen und zugestehen, was für Sie richtig und gut ist. Das herauszufinden fällt gar nicht immer leicht, denn auch die Bedürfnisse verändern sich mit den Jahren. Aber es lohnt sich!

Der wahren Selbstliebe und Selbstanerkennung wohnt eine ganz besondere Magie inne. Denn alles, was Sie sich selbst entgegenbringen, bringen Ihnen auch Ihre Mitmenschen entgegen. *Achten Sie also darauf, dass Ihr innerer Dialog möglichst liebe- und verständnisvoll ist.* Wie Sie mit sich selbst umgehen, so werden Sie auch von Ihren Mitmenschen behandelt – erwarten Sie also von anderen nie etwas, was Sie sich selbst gegenüber nicht aufbringen können. Die Veränderung und Umstellung Ihrer inneren Haltung und des inneren Dialogs kann durchaus einige Wochen oder Monate dauern – haben Sie also Geduld. Wie weit Sie es gebracht haben, wird Ihnen Ihre Umgebung deutlich widerspiegeln.

Reden Sie sich auch nie ein, Sie seien ein Egoist. Denn Egoisten sind im Grund oft »Selbsthasser«. Weil sie sich selbst nicht annehmen und lieben können, suchen sie Ersatz auf der materiellen Ebene oder fordern von anderen, dass sie ihnen die fehlende Liebe entgegenbringen.

Menschen, die ein gutes Selbstwertgefühl haben, sind starke Persönlichkeiten und wahre Stützen der Gesellschaft. Einige wenige haben von Haus aus diese Kraft, wir anderen müssen ein Leben lang daran arbeiten. Aber ist das wirklich so schlimm – kann es nicht auch Spaß machen?

Imagination *Stellen Sie sich vor, Sie hielten etwas sehr Schönes, Kostbares, leicht Verletzbares oder Zerbrechliches in der Hand (Blume, Tier, Kristall). Es ist ein Werk des Schöpfers. Sie bewundern es, liebkosen es und sprechen mit ihm. Nun verändert es seine Form und wird zu einem Lichtball, einem Symbol für Ihr Innerstes. Sie setzen Ihren Dialog fort und verweilen dann noch einige Minute in stiller Bewunderung und Liebe.*

Bejahung *Ich bin ein Kind des Göttlichen, das durch mich seine Schönheit, Fülle und Liebe ausdrückt. Ich liebe mich.*

Nacken-Mudra – Mudra gegen Wut und Ärger

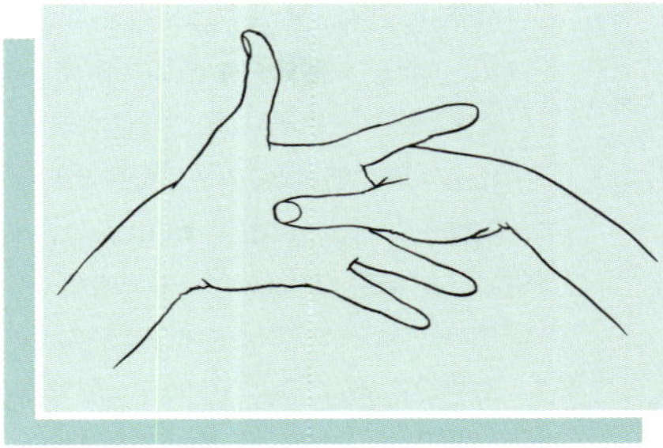

Vorbereitung Legen Sie die beiden Mittelfinger rechts und links an das Kiefergelenk und schieben Sie den Unterkiefer hin und her. Danach klappern Sie locker mit den Zähnen. Nun legen Sie die rechte Hand an die linke Seite des Nackens und drücken mit den Fingern leicht dagegen. Dann ziehen Sie das Kinn an, damit der Nacken gedehnt wird, und fahren mit der Hand 8-mal von links nach rechts über den Nacken. Danach streichen Sie 8-mal mit der linken Hand von rechts nach links.

Mudra Massieren Sie die beiden Mittelfinger und halten Sie dann mit der rechten Hand den Mittelfinger der linken. Der rechte Daumen liegt dabei in Mitte der linken Handfläche. Nach 10 bis 20 Atemzügen gehen Sie zur anderen Hand über und halten den rechten Mittelfinger gleich lang.

Atmung Atmen Sie dabei tief, langsam, rhythmisch und fein. Die Pausen nach dem Ein- bzw. Ausatmen sind etwas verlängert. Legen Sie beim Einatmen die Zungenspitze an den Gaumen und lassen Sie die Zunge beim Ausatmen wieder sinken.

Wirkung Diese Mudra entfaltet ihre Wirkung auf verschiedenen Ebenen. In Kopf, Hals und Nacken löst sie Verspannungen, bei Wut und Reizbarkeit wirkt sie besänftigend. Außerdem werden damit alle Meridiane, die durch Hals und Nacken verlaufen, aktiviert.

Auch die Ursache für Kopfschmerzen, Ohren- und Augenprobleme oder Arterienverkalkung kann im Nacken sitzen. Die anfangs beschriebene kleine Kieferlockerung und Nackenmassage können Sie abends oder morgens im Bett oder auch zwischendurch einmal im Büro machen; danach werden Sie sich sofort besser und frischer fühlen. Die Meridiane, die durch den Nacken verlaufen, beeinflussen auch die Aktivität des Gehirns, unser Denken und Fühlen profitiert also ebenfalls von dieser Übung.

Wut und Ärger gehören nun einmal zu unserem Leben, ob sie nun oft oder eher selten, heftig oder eher gedämpft, aber zermürbend auftreten. Damit richtig umzugehen müssen wir wahrscheinlich ein Leben lang trainieren. Sicher ist jedenfalls, dass es uns krank macht, wenn wir diese aufwühlenden Gefühle einfach wegstecken oder unterdrücken. Ebenso sicher ist jedoch auch, dass wir unserer Gesundheit gewaltig schaden und vor unseren Mitmenschen fast immer als Verlierer dastehen, wenn wir sie voll ausleben.

Wichtig ist zu wissen, dass wir umso schneller aggressiv werden, je mehr Adrenalin wir im Blut haben. Jeder Wutausbruch bewirkt jedoch, dass Adrenalin ausgeschüttet wird, und so sind wir in einem Teufelskreis gefangen, den es zu durchbrechen gilt. Auch Stress und Hetze – immer auf dem Sprung sein, weil man ohnehin schon fast zu spät dran ist – begünstigen die Adrenalinausschüttung. Außerdem wird vermutet, dass auch Fleischkonsum, zu schweres Essen und Verstopfung aggressiv machen. Ich selbst war früher sehr aufbrausend – ein altes »Familienerbe« –, bin meinen Jähzorn aber losgeworden, nachdem ich mein Verhalten entsprechend geändert hatte.

Sollte trotzdem einmal Ärger hochkommen, dann können die folgenden Tipps eine Hilfe sein:

- Boxen Sie kräftig in ein Kissen.
- Duschen Sie heiß und kalt.
- Treiben Sie Sport (zum Beispiel Karate, Judo, Boxen, Joggen, Schwimmen, Krafttraining)
- Machen Sie einen Spaziergang, bei dem Sie kräftig ausschreiten.
- Gehen Sie aus – ideal wäre ein Lokal, das etwa 20 Minuten zu Fuß entfernt liegt.
- Singen Sie – auch das tut gut.
- Gehen Sie eine Arbeit an, die etwas Kraft erfordert.
- Arbeiten Sie im Garten – das ist ideal.
- Oder wie wäre es mit Tanzen, Trommeln oder einem anderen Musikinstrument?
- Als Sofortmaßnahme hilft auch immer, wenn Sie mehrmals tief durchatmen.

Sie sehen also, negative Gefühle wie Ärger, Wut und Zorn können durchaus für etwas gut sein. Sie können uns sogar dazu bewegen, etwas zu tun, das uns Freude macht.

Selbstverständlich ist es auch immer wieder nötig, sich die äußeren Ursachen von Wut und Ärger genau anzuschauen und sie so weit wie möglich zu reduzieren. Es gibt immer einen Weg und eine Lösung. Manchmal ist eine Aussprache angesagt und/oder einiges muss neu organisiert werden. Gerade Nackenprobleme haben viel mit »Hartnäckigkeit« und Sturheit zu tun. Vielleicht müssen wir halt in einer Sache etwas zurückstecken und andere Lösungen suchen oder den Zeitplan den Gegebenheiten neu anpassen.

Viel Wut und Zorn kommt auf, wenn andere ihre Versprechen oder Verpflichtungen nicht einhalten. Machen Sie um solche Menschen einen großen Bogen und geben Sie klar und deutlich (aber nicht laut) zu erkennen, dass sie so nicht mit sich umspringen lassen!

Als Notfallhilfe bei Wut und Ärger kann das folgende Bild dienen:

Imagination *Stellen Sie sich vor, eine eiskalte Dusche zu nehmen oder vom Sprungbrett ins kalte Wasser zu springen und zu schwimmen, was das Zeug hält.*

Bejahung *Ich schüttle mich wie ein nasser Pudel und fühle mich wieder frisch und ganz »coooool«.*

Inspirations-Mudra – Mudra der inneren Harmonie

Mudra Verschränken Sie die kleinen Finger und die Ringfinger beider Hände ineinander. Dann legen Sie die gestreckten Mittelfinger und Daumen aneinander, die beiden Zeigefinger liegen gebeugt auf dem jeweiligen Mittelfinger auf. Die Hände werden auf Brust- oder Stirnhöhe gehalten, je nachdem, ob Sie Harmonie im mentalen Bereich (Stirn) oder im emotionalen Bereich (Herz) schaffen wollen.

Atmung Atmen Sie dabei tief, langsam, rhythmisch und fein. Die Pausen nach dem Ein- bzw. Ausatmen sind etwas verlängert. Konzentrieren Sie sich auf die Stirnmitte.

Wirkung Diese Mudra vertieft die Atmung und tut dem ganzen Herz- und Kopfbereich gut. Der Mittelfinger, der hier energetisiert wird, steht auch für innere Harmonie, Gleichmut, Ordnung, das richtige Maß und die Kraft zur Tat. Ein kraftvoller Mittelfinger stärkt die Zentriertheit und die Harmonie in unserem Inneren. Er gibt unseren Taten, unserem Agieren und Reagieren Kraft.

Viele fühlen sich als Versager, wenn sie merken, dass es mit der inneren Harmonie oft nicht so recht klappen will, und entwickeln dann ein unersättliches Harmoniebedürfnis. Aber damit liegen sie falsch, denn ein Leben ohne Spannungen wäre so fad und eintönig wie eine Suppe ohne Salz oder ein Meer ohne Wellen. Wir brauchen die Polarität und sollten nicht sofort, immer und um jeden Preis auf Harmonie aus sein. Natürlich müssen wir bestrebt sein, immer wieder unsere Mitte zu finden. Wir sollten es jedoch als ganz natürlich akzeptieren, dass wir auch immer wieder aus ihr heraustreten oder sozusagen »hinausgeworfen« werden.

Wir brauchen beides – unsere Zentriertheit und Harmonie ebenso wie das Heraustreten aus der Mitte – , um an unsere Grenzen zu kommen. Wenn wir uns diesem Gesetz nicht freiwillig unterwerfen, kann uns das Universum mit einem Schicksalsschlag aus unserer Mitte »hinauskatapultieren«, und das wollen wir ja vermeiden. Wenn wir es jedoch schaffen, dann wieder unsere Mitte zu finden, bringt uns das jedes Mal auf eine etwas höhere Ebene – man könnte sagen, es »schaukelt uns hoch«.

Wir können vor Wut und Zorn außer uns geraten; dann hilft uns die Nacken-Mudra auf Seite 119. Wir können aber auch rein gedanklich unsere Zentriertheit und Harmonie, besser bekannt als Konzentration, verlieren. Bilder wie das folgende wirken harmonisierend, indem sie vorerst einmal »leer machen«. Daraus kann sich dann wieder neue Harmonie entwickeln und eine Fülle an positiven und kreativen Gedanken und Gefühlen aufsteigen.

Ito Joyoatmojo, der Graphiker, der die Illustrationen zu diesem Buch gezeichnet hat, sagte kürzlich: »Wenn ich nicht mehr weiß, wo mir der Kopf steht, dann kaufe ich mir eine Fahrkarte für eine Bahnfahrt von mindestens drei Stunden. Wenn ich dann zurückkomme, bin ich wieder okay.« Was er als Mittel gegen Stress und Zerstreutheit intuitiv entdeckt hat – eine Fahrt im Zug –, habe ich als Übung im Mental-Training kennen gelernt. Einerseits als wertvolle Hilfe, um abzuschalten und leer zu werden, und andererseits als Möglichkeit, wieder zur eigenen Mitte zu finden und Intuition und Inspiration zu fördern.

Imagination *Stellen Sie sich vor, in einem Zug zu sitzen. Sie sind der Zugführer. Sie fahren durch eine monotone Landschaft und achten aufmerksam auf die näher kommenden Gleise und die Pfosten auf beiden Seiten, an denen der Zug vorbeifährt. Nach einer Weile stellen Sie sich vor, eine Berg- und Talfahrt zu machen. Nun konzentrieren Sie sich auf die Stelle, wo die Gleise zu einem Punkt zusammenlaufen.*

Bejahung *Ich ruhe in meiner Mitte, handle aus meiner Mitte heraus und schöpfe neue Inspiration und Kraft aus meiner Mitte.*

Lach-Mudra – Mudra zur Lösung schwieriger Probleme

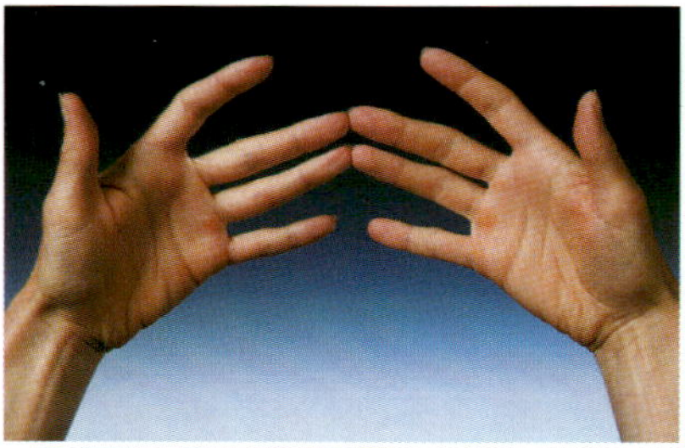

Vorbereitung Massieren Sie mit dem rechten Daumen die Kuppen von Mittel- und Ringfinger der rechten Hand und gleichzeitig mit dem linken Daumen die Kuppen von Mittel- und Ringfinger der linken Hand.

Mudra Legen Sie die Kuppen von Mittel- und Ringfinger beider Hände aneinander und die Handflächen an den Bauch. Nun ziehen Sie die Mundwinkel hoch und sagen oder singen beim Ausatmen laut Hahaha, Hahaha, Hahaha – in hoher, mittlerer und tiefer Tonlage. Vielleicht müssen Sie jetzt ja lachen – wunderbar! Falls nicht, tut es Ihnen trotzdem gut.

Wirkung Mediziner, Immunologen und Psychologen haben herausgefunden, dass Lachen tatsächlich gesund ist. Sie wissen heute, wie die Zeitschrift *esotera*, Ausgabe 5/2000 berichtet, »dass Lachen das Immunsystem positiv beeinflusst, Selbstheilungskräfte mobilisiert, Stress abbaut, Durchblutung und Verdauung fördert, hohen Blutdruck normalisiert und Schmerz reduzieren kann. Auf psychischer und emotionaler Ebene löst es Spannungen und Hemmungen, schafft Distanz zu schwierigen Problemen, erleichtert und tröstet, regt kreative Potenziale an, fördert eine offene Haltung gegenüber scheinbar unumstößlichen Gegebenheiten und bricht festgefahrene Verhaltensmuster auf.« Außerdem soll Lachen auch die Hormonproduktion beeinflussen: Wenn wir lachen, sollen vermehrt Endorphine (Glückshormone) ausgeschüttet werden, die Depressionen, Angstzustände und Schmerzen lindern.

Na, habe ich Sie nun davon überzeugt, dass Lachen wirklich gesund ist? Machen Sie in Zukunft doch Jagd auf originelle Witze, tolle Kabarettnummern, humoristische Bücher und lustige Filme – einfach Ihrer Gesundheit zuliebe!

Ich bin davon überzeugt, dass jeder Mensch ein Quäntchen Humor hat. Bringen also auch Sie Ihren Humor so oft wie möglich ins Spiel. Denn ein Tag ohne ein Lachen ist ... ja, was denn nun?

Die Lach-Mudra habe ich das erste Mal gleich in einer sehr verfahrenen Situation ausprobiert. Es ging um eine Auseinandersetzung mit einer ganzen Gruppe, der ich allein gegenüberstand. Ich las damals gerade das Buch *NLP Welten* von Susanne Haag – übrigens eine sehr empfehlenswerte Lektüre. Darin wurde eine Übung vorgeschlagen, die mich zuerst eher nervte als ansprach. Aber ich machte sie trotzdem, und sie bewirkte ein wahres Wunder – und zwar bei allen Beteiligten. Ich bin selten in schwierigen Situationen, aber auf diese Übung greife ich seither gern zurück. Sie hilft immer!

Die Übung wird einige Tage vor dem »ernsten« Ereignis das erste Mal gemacht und dann zwei- bis dreimal wiederholt.

Imagination *Stellen Sie sich vor, Sie sitzen einem Freund, einer Freundin oder auch einer erfundenen Gestalt gegenüber. Ihr Gegenüber glaubt an Sie, ist Ihnen wohl gesinnt und würde für Sie durch dick und dünn gehen. Nun tragen Sie ihm das Anliegen vor, das Sie bedrückt. Ihr Gesprächspartner hört geduldig zu, bleibt noch einige Sekunden still und nachdenklich sitzen und fängt dann leise an zu lachen. Dann lacht er immer lauter, bis er sich schließlich vor Lachen kugelt – einfach ganz herzlich laut herauslacht.*

Ich konnte es kaum glauben, aber am Ende zog es auch meine Mundwinkel nach oben – ich lachte mit. Wenn ich danach wieder an das Problem dachte, musste ich automatisch schmunzeln. Als dann die Aussprache schließlich stattfand, konnte ich das alles gar nicht mehr sooo ernst nehmen und diese Leichtigkeit übertrug sich auch auf die anderen Gesprächsteilnehmer.

Zum Abschluss noch ein kleiner Tipp für den Umgang mit Menschen: Wenn Sie von anderen etwas Unangenehmes verlangen müssen, versuchen Sie es doch zuerst mit Humor. Sollte dass tatsächlich einmal nicht funktionieren, können Sie immer noch ernst werden. Aber Sie werden sehen: Die humorvolle Version klappt immer!

Sonnen-Mudra – Mudra gegen Stimmungstiefs

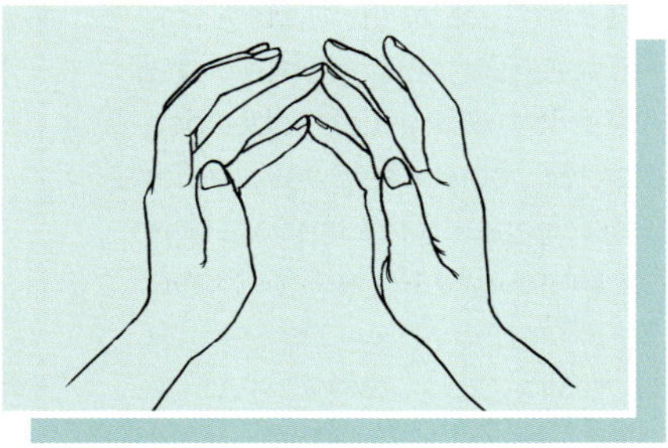

Vorbereitung Zuerst strecken Sie die Arme nach vorn und reiben Hand- und Handgelenkrücken aneinander – das regt den Kreislauf an. Danach reiben Sie die Handgelenke unterhalb der Daumen aneinander – das stimuliert die Energie der Hormondrüsen. Durch die Reibung soll eine angenehme Wärme oder sogar Hitze erzeugt werden. Anschließend massieren Sie für einige Sekunden mit dem rechten Daumen den Apolloberg an der Wurzel des linken Ringfingers. Danach massieren Sie mit dem linken Daumen den Apolloberg am rechten Ringfinger.

Mudra Legen Sie die Daumen an den Apolloberg des Ringfingers der jeweiligen Hand und die Kuppen der Ringfinger und kleinen Finger beider Hände zusammen. Die anderen Finger halten Sie leicht gebeugt.

Atmung Atmen Sie dabei tief, langsam, rhythmisch und fein. Die Pausen nach dem Ein- bzw. Ausatmen sind etwas verlängert. Konzentrieren Sie sich auf die Stirnmitte.

Wirkung Die Sonnen-Mudra (einschließlich der Massage) hilft bei der Überwindung von Stimmungstiefs, aktiviert den Blutkreislauf und die Hormondrüsen.

Traurigkeit, Müdigkeit, Gereiztheit, Verwirrung, Einsamkeit, Langeweile, Selbstmitleid – all diese Gefühle sind Ausdruck von Stimmungstiefs. Sie werden nicht primär durch die Außenwelt verursacht, auch wenn es uns manchmal so erscheint, sondern kommen von innen und richten sich gegen den Menschen selbst: Er fühlt sich dann müde, zerschlagen, traurig und wertlos, das Leben kommt ihm nutzlos, sinnlos und hoffnungslos vor und scheint an ihm vorbeizugehen. Er lehnt sich selbst ab, fühlt sich schuldig, genügt sich selbst und anderen nicht oder misstraut seinen eigenen Urteilen, Ideen und Ansichten.

Ich habe bei meiner früheren Arbeit im sozialen Bereich viele Menschen mit tragischem Schicksal getroffen (schwere Krankheit, grauenhafte Beziehung, Armut usw.), die Grund genug hatten für Stimmungstiefs, aber dennoch davon verschont blieben. Andere Menschen, bei denen das Umfeld mehr oder weniger in Ordnung und mehr als genug Geld da war, litten jedoch unter Depressionen. Wir sehen also, dass wir die Ursachen eher innen suchen müssen.

Wir können das Ganze auf einen einfachen Nenner bringen, wie die Hirnforschung während der letzten Jahre herausgefunden hat: Im Gehirn werden in Zeiten der Niedergeschlagenheit nicht genug stimmungsaufhellende Substanzen (Endorphine, Dopamin usw.) ausgeschüttet, was negative Stimmungen, Gefühle und Gedanken auslöst. Diese Forschungsergebnisse mögen uns anfangs vielleicht etwas schockieren und ernüchtern, denn wir glauben doch zumeist, dass wir unsere Gedanken bewusst hervorbringen. Wer will sich schon gern als eine Art »Denk-Maschine« betrachten, die je nachdem, welcher Hahnen gerade geöffnet wird, besser oder schlechter funktioniert und entsprechende Gedanken produziert.

Nun stellt sich uns natürlich die Frage: Wie kurbeln wir die Produktion der Glückshormone an? In den letzten Jahren hat sich herausgestellt, dass *Sonnenbestrahlung, Sauerstoff und Wasser bei der Produktion von Glückshormonen in unserem Gehirn* eine maßgebliche Rolle spielen. Darum ist es wichtig, dass Sie sich regelmäßig und bei jedem Wetter (die Sonnenbestrahlung dringt auch durch Wolken) einmal pro Tag im Freien aufhalten. Probieren Sie es aus – Sie werden ein kleines Wunder erleben!

Ich kenne das selbst von früher: Bei einem Stimmungstief möchte man sich am liebsten in die dunkelste Ecke verkriechen und sich ganz seiner Traurigkeit und Müdigkeit überlassen. Wenn es Ihnen auch so ergeht und Sie sich nicht aufraffen können, das Haus zu verlassen, dann machen Sie die Mudra vorerst am *offenen* Fenster, denn die Sonnenbestrahlung kann nicht durch die Fensterscheiben dringen. Wenn es kalt ist, packen Sie sich einfach in ein paar Decken. Aber dann – sobald Sie wieder ein bisschen munterer werden – nichts wie raus aus der Bude!

Ich möchte Ihnen Mut machen, die folgenden Tipps einmal auszuprobieren. Ich möchte Sie (ganz liebevoll) ein wenig schütteln und Ihnen gut zureden: »Bitte nicht den Kopf hängen lassen, wenn Ihnen das Wasser schon bis an den Hals steht!« Glauben Sie mir, ich weiß, was Stimmungstiefs sind, denn das liegt bei uns in der Familie. Ich helfe mir selbst seit Jahren mit folgenden kleinen Tricks:

- Achten Sie darauf, dass Sie gut und tief durchatmen.
- Lassen Sie es in Ihrer Wohnung nie zu warm werden und lüften Sie immer gut.
- Machen Sie täglich einen Fußmarsch; schon 30 Minuten genügen, etwa zweimal 15 Minuten Arbeitsweg zu Fuß. Machen Sie dabei die Jogging-Mudra auf Seite 54. Passen Sie Ihr Tempo der Atmung an und behalten Sie einen gleichmäßigen Rhythmus bei.
- Tanken Sie Sonnenlicht, indem Sie sich in die Sonne setzen – auf Ihrer Terrasse oder am offenen Fenster.
- Trinken Sie 1,5 bis 2 Liter Flüssigkeit pro Tag.

Wenn Sie aus dem tiefsten Loch wieder herausgekrabbelt sind und sich ein bisschen besser fühlen, helfen Ihnen sicher ein paar der folgenden Anregungen, diesen Zustand zu halten:

- Treiben Sie Sport.
- Schreiben Sie sich für einen Yogakurs ein.
- Gehen Sie tanzen oder tanzen Sie für sich allein (man kann sogar heulen dabei, das tut gut). Heute gibt es Tanzveranstaltungen für jedes Alter – also bitte keine Ausreden.
- Wie wäre es mit Singen?
- Sie dürfen auch ruhig einmal eine Nacht durchmachen oder »durchlesen« – wie wäre es mit einem schönen Liebesroman? Schlafentzug wird als Mittel gegen Depressionen sogar von Ärzten empfohlen.
- Auch Duschen oder Waschungen mit kaltem Wasser helfen. Wenn Sie kaltes Wasser nicht vertragen, nehmen Sie halt lauwarmes – das ist immer noch besser als gar nichts.

- Schokolade kann der Seele manchmal gut tun, es brauchen nur 10 bis 20 Gramm zu sein. Oder Sie greifen zu Kohlehydraten – am besten zu Vollkorn-Produkten, da stimmt die Qualität.
- Essen Sie so viel Früchte und Gemüse wie möglich.
- Auch Düfte haben es in sich: Bergamotte, Orange, Melisse Muskatellersalbei, Rosmarin, Lavendel, Vanille, Zeder usw.
- Pflegen Sie soziale Kontakte mit Menschen, die Ihnen gut tun.
- Achten Sie auf genügend Schlaf.

Das folgende Bild wirkt unter anderem durch seine hellen und leuchtenden Farben aufheiternd auf das Gemüt. Und denken Sie daran: Die Sonne (ein Symbol für das Göttliche) scheint für uns alle und kann alle glücklich machen – Sie müssen sich ihr aber zuwenden und sich ihr öffnen. Es ist keine Blume zu klein, um nicht ein Liebling der Sonne zu sein.

Imagination *Sie wandern über sommerliche Blumenwiesen und begegnen einer Lichtgestalt. Es ist die Göttin (der Gott) der Sonne. Ihr Haar strahlt golden und die Kleidung leuchtet in hellen und bunten Farben. Ihr Gesichtsausdruck ist freundlich, liebevoll und gütig. Diese Gestalt akzeptiert, schätzt und liebt Sie so, wie Sie sind. Es ist, als ob sie all Ihre guten Eigenschaften, alles Leichte und Sonnige in und an Ihnen ans Licht bringen würde. Erzählen Sie ihr, was Sie bedrückt und traurig macht. Nun lassen Sie sich von ihr trösten, ermutigen und aufrichten.*

Bejahung *Die Sonne weckt mein inneres Licht und lässt mich fröhlich und heiter sein.*

Klarheits-Mudra – Mudra der klugen Unterscheidung

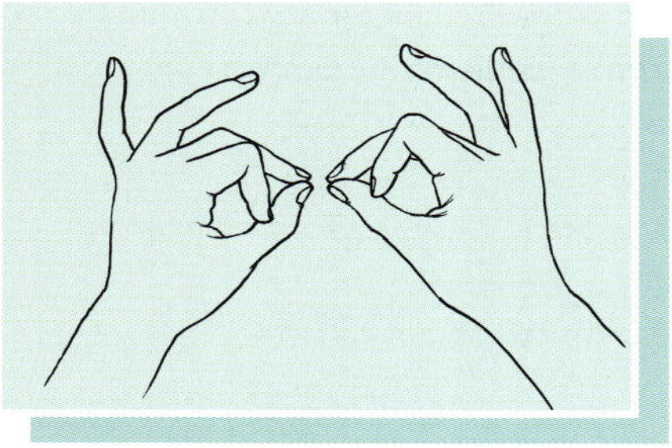

Vorbereitung Zuerst schütteln Sie die Hände, als ob Sie anhaftende Wassertropfen loswerden wollten. Danach reiben Sie die Fingerkuppen jeder Hand aneinander, als ob Sie zwischen den Fingern etwas zerbröseln wollten.

Mudra Legen Sie den Zeigefingernagel jeder Hand an das obere Gelenk des Daumens und Mittelfinger und Daumen aneinander. Die übrigen Finger sind leicht gebeugt. Der Blick ist anfangs auf einen festen Punkt gerichtet; nach 6 Atemzügen schließen Sie dann die Augen. Halten Sie die Hände vor das Stirn-Chakra.

Atmung Atmen Sie dabei tief, langsam, rhythmisch und fein. Die Pausen nach dem Ein- bzw. Ausatmen sind etwas verlängert. Konzentrieren Sie sich auf die Mitte der Stirn.

Wirkung Diese Mudra aktiviert und stabilisiert das vegetative Nervensystem und bringt die Gedanken zur Ruhe. Ein ruhiger Gedankenfluss schafft innere Klarheit, Zerstreutheit und Verwirrung werden aufgelöst.

Stress, Frust und Überlastung kennt jeder in unserer gehetzten, erfolgsorientierten, fordernden und perfektionssüchtigen Gesellschaft. Es ist keine Schande, wenn man sich eingestehen muss: Nun hat es mich auch wieder erwischt. Sind wir uns dieses Zustands aber erst einmal bewusst, dann haben wir es auch buchstäblich selbst in der Hand, ihn wieder aufzulösen, indem wir uns neu orientieren.

Viele Gestresste nehmen anderen Leuten oft Aufgaben ab, die sie sich gar nicht aufladen müssten, weil sie nie richtig darüber nachgedacht haben. Oder sie können einfach nicht Nein sagen, weil sie Angst haben ... Aber vor was eigentlich? Es lohnt sich, das einmal zu hinterfragen!

Mit der Klarheits-Mudra können wir auch die Oberfläche einer Sache oder eines Menschen durchdringen und in die Tiefe vorstoßen. Wir finden die

Ursache, bringen sie ans Licht und können sie angehen. Unser Verständnis vertieft sich, wir werden mit Fremdem vertraut, verlieren dadurch unsere Ängste und sehen, wie ein Mensch oder eine Angelegenheit *wirklich* ist.

Manchmal trauen wir uns allerdings gar nicht, eine Sache genau anzusehen, weil wir befürchten, sie würde dann noch beängstigender – aber *genau das Gegenteil* ist der Fall.

Vielleicht weckt diese Mudra ja sogar Ihre Abenteuerlust. Dann werden Sie sich Herausforderungen stellen, die einigen Nervenkitzel versprechen.

Mit der folgenden »Gedankenbetrachtung« können Sie sich Klarheit darüber verschaffen, was eine Herausforderung von Ihnen verlangt und was sie Ihnen bringen kann. Vielleicht lassen Sie diese Angelegenheit dann fallen wie eine heiße Kartoffel. Sie können aber auch ganz raffinierte Strategien zur Bewältigung entwickeln. Ich möchte Ihnen einfach Mut machen: Lassen Sie Unwichtiges und Belastendes los und geben Sie Spannendem und Erfreulichem viel Raum und Zeit in Ihrem Leben. Wichtig ist, dass sich Ihre Gedanken beruhigen und Sie gezielt eine Unterscheidung treffen können zwischen wichtig und unwichtig. Damit werfen Sie vieles, was Sie stresst, über Bord. Dann können Sie Ihre Angelegenheiten und Verpflichtungen in einem neuen Licht betrachten, ordnen und Ihre Zeit neu einteilen. Unser Leben birgt unzählige Chancen – wir müssen sie nur sehen und nutzen!

Imagination *Nach den ersten 12 Atemzügen, die Sie bewusst wahrgenommen haben, wenden Sie sich den aufkommenden Gedanken zu. Fassen Sie jeden aufsteigenden Gedanken in Worte und wiederholen Sie den entsprechenden Satz im Geist oder laut 1- bis 3-mal. Geben Sie ihm eine Bezeichnung: nützlich oder nutzlos, wichtig oder unwichtig. Wenn Sie einmal abschweifen, macht das gar nichts: Kehren Sie einfach wieder zur Betrachtung Ihrer Gedanken zurück. Sie können sich auch Pausen gönnen, indem Sie eine Weile still und bewusst die Achtsamkeit wieder auf Ihren Atem richten.*

Bejahung *Voller Elan und Begeisterung meistere ich mein Leben.*

Schutz-Mudra – Mudra gegen Mobbing

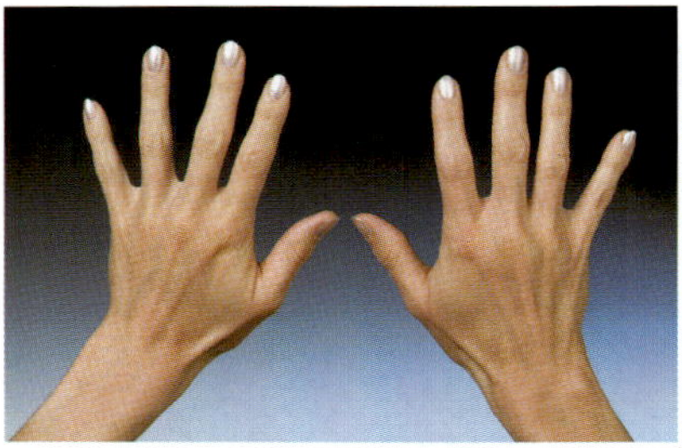

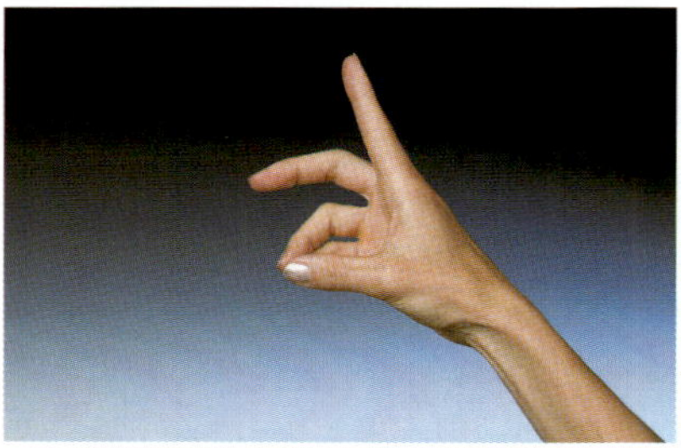

Vorbereitung Reiben Sie zuerst die Hände, bis die Innenflächen warm sind. Nun halten Sie die Hände vor die Brust; die Handflächen zeigen dabei nach vorn (s. Abb.). Während der ersten 12 Atemzüge strecken Sie die Hände beim Ausatmen nach vorn und nehmen sie beim Einatmen wieder zurück. Es ist, als ob Sie sanft, aber bestimmt etwas von sich wegschieben, etwas »bannen« würden.

Mudra Nun formen Sie die eigentliche Mudra mit der *rechten* Hand. Der Daumen liegt auf den Spitzen von Ringfinger und kleinem Finger. Mittel- und Zeigefinger sind leicht gespreizt, wobei der Mittelfinger etwas gekrümmt und der Zeigefinger gestreckt wird (s. Abb.). Sie halten die Hand auf Brusthöhe, die Handfläche ist nach vorn gerichtet und der Zeigefinger weist nach oben oder schräg nach vorn. Die linke Hand legen Sie an das Herz.

Atmung Atmen Sie dabei tief, langsam, rhythmisch und fein. Die Pausen nach dem Ein- bzw. Ausatmen sind etwas verlängert. Spüren Sie dem Atem in Brust und Bauch nach.

Wirkung Diese Mudra kann Ihnen helfen, wenn Sie Probleme an Ihrem Arbeitsplatz haben.

Wenn ich nach einer Schutz-Mudra gefragt werde, löst das immer recht gemischte Gefühle bei mir aus. Denn wenn jemand sich vor etwas schützen will, möchte er sich auch vor etwas verkriechen. Aber das »Zumachen« löst keine Probleme. Wir müssen Menschen und Problemen immer beherzt und mit klarem Verstand entgegentreten und nach Lösungen suchen.

Ich habe in den letzten Jahren viele Mobbing-Geschichten gehört und musste leider feststellen, dass gewisse Menschen öfters in solch eine Situation geraten. Dabei waren die Betreffenden durchweg liebenswerte, kompetente und tüchtige MitarbeiterInnen. Allerdings lag ihnen der beliebte »Smalltalk« während der Arbeitszeit überhaupt nicht und oft wirkten sie in allem perfekt und/oder anderen überlegen. Verstehen Sie mich richtig: Ich behaupte nicht, dass sie so *waren*, sondern dass sie so *wirkten*. Bei näherem Kennenlernen entpuppten sie sich sogar als äußerst warmherzige und hilfsbereite Menschen. Aber während der Arbeitszeit waren sie perfekt, tüchtig, eher unnahbar und etwas ängstlich.

Wenn Mobbing Ihr Problem ist, sollten Sie bitte immer auch Ihr eigenes Verhalten hinterfragen:

- Wie *wirke* ich auf meine Kolleginnen und Kollegen?
- Wann bin ich das letzte Mal mit ihnen gemütlich zusammengesessen?
- Habe ich letzthin jemandem ein nettes Kompliment oder ein bisschen Mut gemacht?
- Bin ich hilfsbereit und geduldig mit anderen?
- Wann habe ich das letzte Mal eine eigene Schwäche zugegeben?

Ich habe allerdings auch Mobbing-Geschichten gehört, bei denen ein zu schneller und zu intensiver Kontakt den Ausschlag für die Probleme gab. Auch hier gilt es wieder das goldene Maß zu finden.

Imagination *Spielen Sie Ihr Verhalten erst einmal im Geist durch und stellen Sie sich dabei folgende Fragen: Wie gehe ich auf andere Menschen zu und wie behandle ich sie? Wie möchte ich von anderen behandelt werden? Wie kann ich anderen Mut und Freude machen und liebevolle Zuwendung von anderen annehmen? Zum Abschluss malen Sie sich aus, wie Sie und Ihre Kollegen gut gestimmt ihrer Arbeit nachgehen.*

Bejahung *Ich bin zufrieden und glücklich an meinem Arbeitsplatz und alle mögen mich.*

Trommel-Mudra – Mudra gegen Nervosität

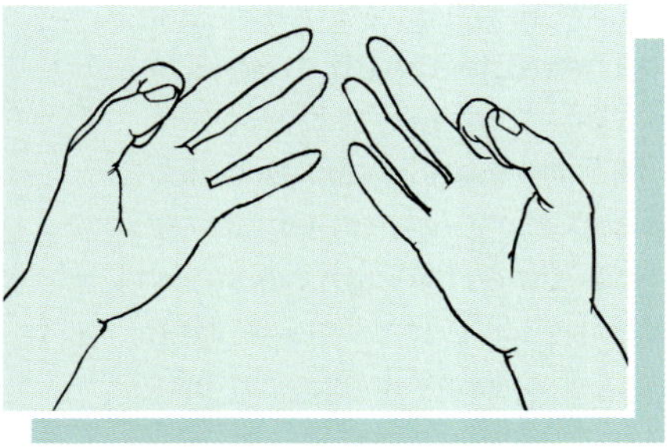

Vorbereitung Legen Sie die Hände mit den Handflächen nach unten locker auf eine Tischplatte. Beim Einatmen heben Sie alle Fingerspitzen etwas an und lassen sie dann beim Ausatmen, das tief und langsam erfolgt, wieder sinken. Konzentrieren Sie sich auf die Fingerkuppen und stellen Sie sich vor, wie mit dem Ausatmen Ihre überschüssige und aufgeputschte Energie durch die Finger in die Tischplatte abfließt. Wiederholen Sie diese Bewegung 12- bis 30-mal.

Mudra Legen Sie bei beiden Händen die Zeigefingerspitze innen an das obere Daumengelenk, so dass die Daumenkuppe auf dem Zeigefingernagel liegt. Die Hände ruhen dabei locker auf den Oberschenkeln, die Handflächen weisen nach unten.

Atmung Atmen Sie dabei tief, langsam, rhythmisch und fein. Die Pausen nach dem Ein- bzw. Ausatmen sind etwas verlängert und das Ausatmen ist etwas vertieft. Sehr beruhigend wirkt auch der Balance-Atem auf Seite 37. Spüren Sie dem Atem in Brust und Bauch nach.

Wirkung Mit dieser Mudra können Sie überschüssige Energie abfließen lassen. Damit kommen Sie wieder zur Ruhe, wenn Sie nervös sind.

Die Trommel-Mudra können Sie tagsüber einmal zwischendurch oder abends im Bett praktizieren. Wenn Sie dabei im Bett liegen (es geht auch in der Seitenlage), legen Sie beim dynamischen Part die Fingerkuppen an eine Wand, ans Bettgestell oder einfach an irgendeine kühlende Oberfläche, die zusätzlich ableitet. Beim statischen Part liegen die Kuppen von Mittel-, Ring- und kleinem Finger locker auf der Decke oder Matratze.

Es kommt nicht von ungefähr, dass wir unbewusst mit den Fingern trommeln, wenn wir nervös sind. Denn dadurch werden wir aufgestaute Energie los – und das tut gut und hält gesund. Dass wir damit unsere Umgebung manchmal auch nervös machen, steht auf einem anderen Blatt. Nervosität kostet uns jedoch viel Energie, die dann von bestimmten Funktionssystemen (Immun-, Verdauungs-, Atmungs- und Hormonsystem sowie Kreislauf) abgezogen wird. Das kann die tiefere Ursache von Zivilisationskrankheiten und manch anderen Schwächen sein. Wir unterscheiden zwischen der akuten Nervosität, die durch plötzlichen Leistungs- und Zeitdruck verursacht wird, und der chronischen Nervosität, die oft auch hinter Schlafproblemen steckt. Wählen Sie von den folgenden Tipps ganz nach Lust und Laune zwei oder drei aus.

- viel frische Luft
- regelmäßig viel trinken und leicht essen
- walken oder joggen (pro Tag mindestens 30 Minuten)
- Wechselduschen und Bäder
- regelmäßig schwimmen
- tanzen und singen
- Yoga und Meditation
- Massagen mit Duftölen (z.B. Muskatellersalbei, Rose, Bergamotte)

Auch wenn Sie öfters etwas in die Hand nehmen, etwa einen Kugelschreiber, mit dem Sie spielen können, oder Qi-Gong-Kugeln, kann Ihnen das helfen. Außerdem sollten Sie zuerst etwas »Dampf ablassen«, bis Sie müde werden (etwa durch Hüpfen, Seilspringen usw.), bevor Sie sich ruhig hinsetzen. Diesem Ablauf entspricht auch das folgende Bild:

Imagination *Stellen Sie sich vor, bei Sturm am Meer auf einer hohen Klippe zu stehen. Das Wasser, der Wind – alles ist in Aufruhr, wie auch Ihr Inneres. Dann legt sich der Sturm allmählich, die Wellen werden immer kleiner, der Wind liebkost Sie sanft – es wird stiller und stiller um Sie herum. Auch in Ihrem Körper wird es immer ruhiger, Ihr Atem verlangsamt sich, in Ihrem Geist breitet sich Stille aus und Frieden kehrt in Ihre Seele ein.*

Bejahung *Ich tauche ein in Ruhe und Frieden.*

Anti-Panik-Mudra – Mudra für innere Stabilität

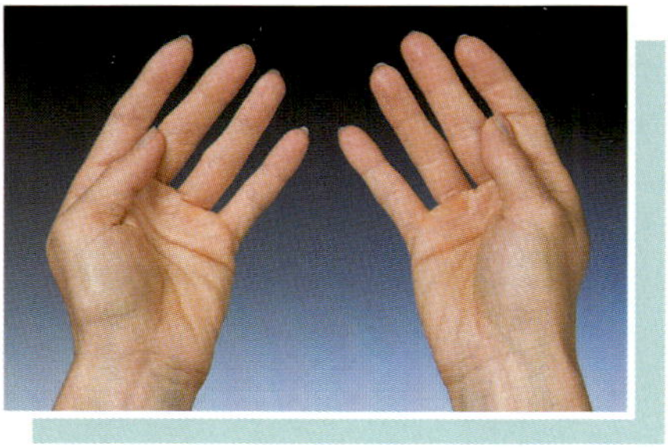

Vorbereitung Reiben Sie zuerst die Seiten der beiden Mittelfinger.

Mudra Legen Sie bei beiden Händen den Daumen an das untere Glied des Mittelfingers. Die Hände ruhen locker auf den Oberschenkeln, die Handflächen sind nach oben gekehrt.

Atmung Atmen Sie dabei tief, langsam, rhythmisch und fein. Die Pausen nach dem Ein- bzw. Ausatmen sind etwas verlängert. Während der ersten 12 Atemzüge vertiefen Sie zusätzlich die Ausatmung. Spüren Sie dem Atem in Brust und Bauch nach.

Wirkung Diese Mudra unterstützt die Funktion von Bauchspeicheldrüse, Milz und Magen. Sie aktiviert das Immunsystem und baut Stress ab.

Erst kürzlich habe ich eine Hiobsbotschaft erhalten, die mich zutiefst erschüttert hat. Mir wurde vor Schreck ganz übel und ich spürte, wie Panik in mir aufkam. Zuerst habe ich ein paar Minuten kräftig auf den Boden gestampft, denn Panik ist aufgeputschte Energie, die man loswerden muss. Hinten an der Ferse liegt ein wichtiger Punkt mit Ventilfunktion, der durch das Stampfen aktiviert wird. Nachdem ich dann noch einige Minuten lang diese Mudra praktiziert und dabei tief durchgeatmet hatte, war ich wieder ruhig und gefestigt und konnte auch wieder klar denken.

Vielleicht hilft es Ihnen auch, wenn Sie sich Folgendes immer wieder bewusst machen: In jedem Problem steckt die Lösung, in jedem Verlust ein Gewinn, in jeder Frage die Antwort und in jedem Ende ein Neubeginn.

Wenn Sie zu Panikattacken neigen, ist es empfehlenswert, dass Sie sich so oft wie möglich Bewegung verschaffen. Sport jeder Art oder Spaziergänge in flottem Tempo aktivieren im Gehirn die Ausschüttung von Hormonen, beruhigen, festigen innerlich und stabilisieren. Aber auch Yoga oder andere Entspannungstechniken wirken prophylaktisch und langfristig positiv.

Wenn Sie in der Öffentlichkeit eine Panikattacke überkommt, können Sie sich als Sofortmaßnahme mit einer vertieften Atmung helfen. Zusätzlich sollten Sie den Blick auf einen stabilen Punkt fixieren und irgendeinen Gegenstand kräftig mit den Händen umklammern.

Das folgende Bild können Sie auch als Gebet betrachten. Wenn Sie sich immer wieder unter die Obhut des Göttlichen stellen, kann Ihnen schlicht und einfach nichts passieren. Versuchen Sie, in guten Zeiten dieses Vertrauen aufzubauen, dann können Sie auch im Notfall darauf zurückgreifen.

Imagination *Während der ersten Atemzüge stellen Sie sich vor, dass Sie Panik, Ängste, Frust, Ärger – oder was auch immer Sie aufregt und verwirrt –, mit dem Ausatmen auspusten. Lassen Sie alles raus und malen Sie sich aus, wie es von einem kräftigen Windstoß davongetragen wird. Dann stellen Sie sich im Solarplexus eine wärmende Sonne vor – ein Symbol für das Göttliche –, die Sie besänftigt, tröstet und Ihnen wieder Mut macht.*

Bejahung *Das Göttliche schützt, behütet und leitet mich und alles ist gut.*

Selbstwert-Mudra – Mudra gegen Selbst-Sabotage

Vorbereitung Streichen Sie jeweils mit der einen Hand die Handfläche und dann den Handrücken der anderen Hand aus (je 8-mal).

Mudra Legen Sie die Kuppen der beiden Daumen, Zeigefinger und kleinen Finger aneinander. Mittel- und Ringfinger verschränken Sie leicht ineinander. Halten Sie die Hände vor die Brust.

Atmung Atmen Sie dabei tief, langsam, rhythmisch und fein. Die Pausen nach dem Ein- bzw. Ausatmen sind etwas verlängert. Sie konzentrieren sich auf das Herz-Chakra.

Wirkung Bei dieser Mudra liegen die Finger der inneren Kraft (Daumen), des Herzens (kleiner Finger) und des Verstandes (Zeigefinger) aneinander. Die Finger der Tatkraft (Mittelfinger) und der Kommunikation (Ringfinger) sind passiv ineinander eingebettet. Mit dieser Mudra können Sie Ihr Selbstwertgefühl dauerhaft stärken.

Mangelndes Selbstwertgefühl kann uns das Leben ganz schön schwer machen, da wir meinen, es nicht wert zu sein, Erfolg zu haben, geliebt zu werden und einfach glücklich zu sein. Wir meinen, dies oder das nicht verdient zu haben oder dies oder jenes können oder tun zu müssen, um einen Wert in der Gesellschaft oder für bestimmte Menschen (Eltern, Geschwister, Partner usw.) zu haben. *Aber ganz egal, wie alt, wie schön, wie dünn oder dick, wie gescheit oder ungeschickt wir sind, vor dem Universum sind wir alle gleichwertig.* Wenn wir uns das Gegenteil einreden oder einreden lassen, dann entspricht das nicht den Gesetzen des Universums, sondern ist schlicht und einfach ein »Hirngespinst«.

Mit unserem Selbstwertgefühl sollten wir uns immer wieder von neuem befassen. Je älter wir werden, umso wichtiger wird dieses Thema für uns. Denn so, wie ein junges Mädchen seinen Wert fälschlicherweise an seinen guten Noten oder an seinem Gewicht auf der Waage misst, macht eine alte Dame sonst ihren Wert von ihren Kindern, von der Anzahl der Besuche ihrer Tochter oder davon abhängig, ob sie vom Professor persönlich oder nur vom Oberarzt operiert worden ist.

Wir alle haben Fehler, Schwächen und Mängel, aber vor dem Universum sind wir trotzdem alle vollkommene Wesen – und wir alle haben den gleichen Wert. Sie verdienen es immer – ganz egal, wie oft Sie Fehler machen – das Beste zu bekommen, glücklich zu sein und Glück zu haben. Das Universum bestraft uns niemals und wir sollen uns auch nicht selbst bestrafen. Für Selbst-Sabotage, Schuld- und Minderwertigkeitsgefühle verbrauchen wir wertvolle Energie, die wir weit besser einsetzen könnten, um Schönes und Gutes für uns selbst und zum Wohl anderer zu tun.

Die Sache mit dem Selbstwertgefühl kann richtig heimtückisch sein: So meinte ich noch vor ein paar Wochen, mein Selbstwertgefühl sei doch eigentlich ganz intakt. Aber je mehr ich mich damit befasste, umso bewusster wurde mir, wie erbärmlich es in Wahrheit darum bestellt ist. Da hatte ich nun gemeint, mich in meinem Alter endlich gründlich zu kennen, und machte Entdeckungen, die mir die Haare zu Berge stehen ließen. Wie oft sind wir uns selbst doch der größte Feind, der erbarmungsloseste Kritiker, Richter und Henker. Wie können wir einem Geschöpf Gottes, das wir doch alle sind, nur so etwas antun?

Glauben Sie wirklich, dass ein Baum, nur weil er größer ist, mehr Wert hat als das Moos? Ob Rose, Brennnessel, Unkraut oder Gemüsepflanze – heute wissen wir doch, dass in jeder Pflanzen- oder Tiergemeinschaft die einen die anderen brauchen. Noch einmal: Eine Bewertung existiert nur in unserem Kopf, und jegliches Bewerten macht uns letztendlich unglücklich. Also Schluss damit! Schauen Sie morgens in den Spiegel, schenken Sie sich ein liebevolles Lächeln und sprechen Sie klar und deutlich die Bejahung. Zeigen Sie sich Ihre Wertschätzung täglich mit vielen kleinen und großen Gesten.

Das Selbstwertgefühl ist oft nicht in allen Bereichen gleich ausgeprägt. Darum lohnt es sich, einmal auf Entdeckungsreise zu gehen und herauszufinden, wo es bei Ihnen gut entwickelt ist und wo nicht.

Wenn etwas danebengeht, wenn Ihnen etwas missglückt, wenn Sie sozusagen Pech haben oder Menschen Sie schlecht behandeln – all diese Vorfälle können Auswirkungen Ihres eigenen schwachen Selbstwertgefühls sein. Schauen Sie sich diese vermeintlichen Missgeschicke oder unschönen Interaktionen mit anderen einmal gut an. Da spukt im Hinterkopf oft der Gedanke herum, etwas nicht zu verdienen oder es nicht wert zu sein ...

Die Visualisation ist diesmal etwas länger ausgefallen. Machen Sie es sich einfach bequem und lesen Sie den Text zuerst in Ruhe durch. Dann legen Sie das Buch weg und lassen auf Ihrer »inneren Leinwand« die folgenden Bilder auftauchen:

Imagination *Sie sehen sich durch eine fruchtbare Gegend wandern. Am Wegrand liegt ein breiter Streifen Land brach, auf dem viele verschiedene Wildblumen blühen. Die einen, das wissen Sie, sind Heilkräuter, die anderen kennen Sie jedoch nicht. Dahinter sind Gemüsebeete und Obstgärten angelegt. Machen Sie sich nun bewusst, dass in der Natur jede Pflanze ihren Wert hat. Dann nehmen Sie eine Lupe zur Hand und schauen sich die unscheinbarsten Blümchen einmal näher an. Sind das nicht ganze Welten von Schönheit an Formen und Farben, die sich Ihnen da offenbaren? Erahnen Sie neue Geheimnisse?*

Nun verändert sich das Licht und Ihre Landschaft wird von einem ganz eigenen Zauber erfasst. Sie sehen buchstäblich nochmals alles in neuem Licht. Setzen Sie sich jetzt auf eine Bank, und je länger Sie still dasitzen, umso belebter erscheint Ihnen die Umgebung: Sie sehen die unzähligen kleinen, emsigen Insekten, die alle mit eingebunden sind ins Leben der Natur. Alles hat seinen Wert – auch wenn er uns verborgen bleibt – und alles ist gleichwertig, ganz unabhängig von Form, Farbe oder offensichtlichem Nutzen. Übertragen Sie diese Erkenntnisse nun auf Ihr Leben.

Bejahung *Ich bin ein Kind des Universums und verdiene es, Erfolg zu haben, geliebt zu werden und glücklich zu sein.*

Schatzkästchen-Mudra – Mudra des inneren Lächelns

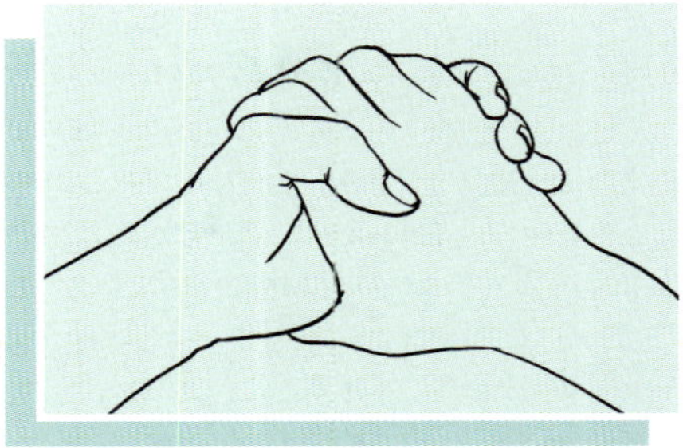

Mudra Legen Sie beide Hände ineinander und krümmen Sie die Finger. Die Daumen liegen jeweils auf dem Rücken der anderen Hand. Halten Sie die Hände dabei auf Nabelhöhe – Sie können es sich auch bequemer machen, indem Sie ein Kissen unter die Hände schieben. Jetzt bewegen Sie den Unterkiefer einige Mal hin und her, um das Kiefergelenk zu lockern. Dann lächeln Sie mit leicht geschlossenen Lippen, und zwar so, als ob Sie etwas ganz Geheimes und besonders Schönes vorhätten.

Atmung Atmen Sie dabei tief, langsam, rhythmisch und fein. Die Pausen nach dem Ein- bzw. Ausatmen sind etwas verlängert. Die Zunge legen Sie an den Gaumen.

Wirkung Diese Mudra bringt allen Organen und Körperpartien Entspannung, regeneriert, heilt und schenkt neue Energie.

Diese Mudra können Sie ganz unauffällig überall und zu jeder Zeit praktizieren. In der Öffentlichkeit legen Sie die Hände einfach in den Schoß. Wenn Sie mehr über die Kraft des inneren Lächelns wissen wollen, kann ich Ihnen das Buch *Tao Yoga des Heilens* von Mantak Chia empfehlen, der sich ausgiebig mit diesem Thema befasst hat.

Imagination *Nun schicken Sie dieses Lächeln in Ihren Körper hinein – in die einzelnen Organe, Gelenke und/oder Körperpartien. Sie lächeln beispielsweise in ein bestimmtes Organ hinein und schicken gleichzeitig ein Lob und ein Dankeschön dorthin. Einige Atemzüge lang konzentrieren Sie sich auf dieses Organ, dann wenden Sie sich dem nächsten zu.*

Bejahung *Ich lächle mir voller Liebe und Verständnis zu und all meine Zellen schwingen und singen.*

Gebets-Mudra – Mudra zur Überwindung von Trauer und Verlust

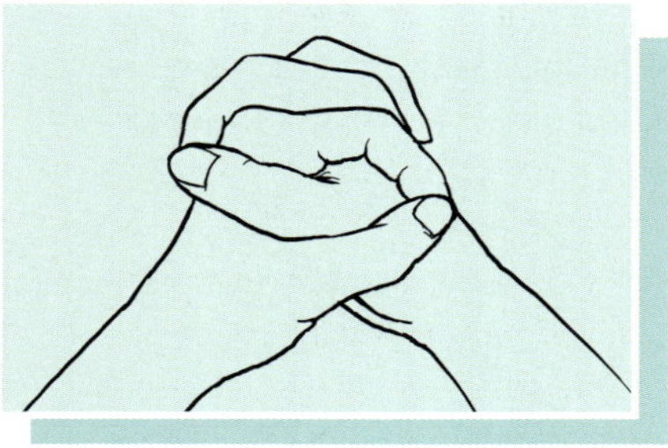

Mudra Falten Sie die Hände wie zum Gebet. Die Fingerkuppen liegen flach auf den Handrücken, die Daumen an den Außenseiten der Zeigefingernägel. Die Hände halten Sie zuerst vor das Herz und legen sie später dann entspannt in den Schoß.

Atmung Atmen Sie dabei tief, langsam, rhythmisch und fein. Die Pausen nach dem Ein- bzw. Ausatmen sind etwas verlängert. Sie spüren dabei in Ihr Herz hinein.

Wirkung Diese Mudra kann Ihnen helfen, Trauer und Verlust zu bewältigen und sich dem Leben wieder neu zu öffnen.

Stirbt ein uns lieber Mensch, müssen wir von einem Haustier Abschied nehmen oder werden wir vom Lebensgefährten verlassen, erleiden wir einen schweren Verlust. Auch wenn wir unsere Arbeit verlieren oder mit einer schweren Krankheit konfrontiert werden, löst das großen Schmerz aus. Und selbst wenn noch so viele mitfühlende Menschen um uns herum sind, wissen wir, dass wir da selbst durchmüssen – größtenteils sogar allein – und dass uns niemand den Schmerz ganz abnehmen kann.

In den stillen, einsamen, endlos scheinenden Stunden, in denen der Schmerz nicht durch Ablenkung gemildert werden kann, hilft uns das Gebet. Gott kann uns zwar nicht vor Schmerzen – gleich welcher Art – bewahren, aber er kann sie uns erträglicher machen oder für kurze Zeit auflösen. Wie bei einer körperlichen Wunde braucht Heilung eben ihre Zeit. Eine Narbe wird zurückbleiben, aber mit der Zeit nicht mehr schmerzen.

Ich kannte ein kinderloses Paar, das unzertrennlich wie Zwillinge war: Sie arbeiteten zusammen und verbrachten auch jede einzelne freie Minute miteinander. Er starb mit 45 ganz plötzlich, und ich habe noch nie einen so gebrochenen Menschen wie diese Frau erlebt. Aber sie hat sich wieder erholt, und das war für mich der Beweis: Wenn sie es geschafft hat, dann schaffen es alle anderen auch. Wie hat sie das bewerkstelligt? Ganz einfach: Sie lernte beten! Ihr Haus war leer, ihr Herz einsam und wund, ihr Körper schwach und krank und ihr Geist gelähmt. Sie war nicht nur traurig, einsam und voller Schmerz, sie war oft auch voller Groll und Zorn.

Aber ganz gleich, in welcher Stimmung sie war – sie übergab alle schmerzhaften Empfindungen dem Göttlichen. Sie hat mir erzählt, dass sie das so lange tat, bis sie sich leer fühlte und ein köstlicher Friede, gepaart mit Freude, über sie kam. Freude und Schmerz liegen ja nah beieinander – und je tiefer die Dunkelheit, umso heller das Licht. Ich möchte Sie auch dazu ermutigen, diese Möglichkeit in Betracht zu ziehen und – noch besser – sogar auszuprobieren. Jede Trauer und jeder Verlust ist schwer zu bewältigen. Aber das Gebet gibt uns eine Möglichkeit, uns diese schwere Zeit ein bisschen leichter zu machen und zu verkürzen.

Seelische Schmerzen sollte man nicht einfach verdrängen, aber trotzdem immer wieder Ablenkung und die Gesellschaft von anderen Menschen suchen. Darüber zu sprechen tut ebenfalls gut – aber nicht allzu oft und nicht zu lange, sonst wird die Wunde wieder von neuem aufgerissen.

Das folgende Bild kann wie Balsam auf Ihre seelischen Wunden wirken:

Imagination *Stellen Sie sich vor, dass beim Ausatmen aus jeder Pore Ihrer Haut dunkler Rauch entweicht. Das sind Ihre seelischen Schmerzen (Trauer, Einsamkeit, Verwirrung, Groll, Zorn usw.). Dieser Rauch wird von einer unsichtbaren Kraft nach oben gezogen und vom Himmel aufgenommen. Bleiben Sie bei diesem Bild, bis Sie das Gefühl haben, ganz leer zu sein. Bei den nächsten Atemzügen sehen Sie dann, wie durch all Ihre Poren helles Licht in Sie einströmt. Benennen Sie das Licht: Licht der Geborgenheit, der Heilung, der Freude, des Friedens, der Zweisamkeit oder der inneren Fülle.*

Bejahung *Ich übergebe mich und meine Trauer dem Engel des Trostes und lasse mich von ihm durch diese dunkle Zeit führen – ins neue Leben.*

Motivations-Mudra –
Mudra zur Bewältigung der täglichen Monotonie

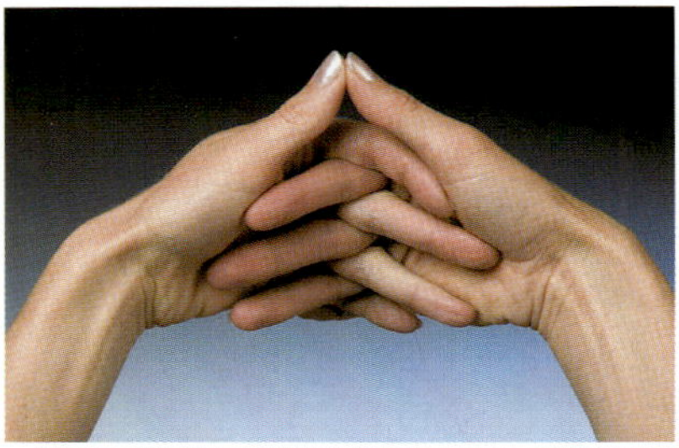

Vorbereitung Stellen Sie sich vor, Sie wollten mit zwei Holzstücken durch heftiges Aneinanderreiben Feuer erzeugen. Genau so reiben Sie nun die Innenflächen der Hände aneinander, bis sie richtig heiß sind, dann die Fingerrücken, die Handrücken, die Außenseiten der Hände und die Innenseiten der Handgelenke.

Mudra Nun verschränken Sie die Hände so ineinander, dass die Finger nach innen weisen, und legen die Daumenkuppen aneinander. Halten Sie die Hände vor den Solarplexus und spüren Sie in dieses Chakra hinein.

Atmung Atmen Sie dabei tief, langsam, rhythmisch und fein. Die Pausen nach dem Ein- bzw. Ausatmen sind etwas verlängert. Vertiefen Sie während der ersten 12 Atemzüge die Einatmung.

Wirkung Die Handmassage und diese Mudra wecken Ihre Lebensgeister und verstärken dadurch automatisch auch die Motivation.

Bei vielen Arbeiten und Verpflichtungen, die anfallen, fehlt es uns an Motivation – sei es, dass die Arbeit schlichtweg langweilig und monoton ist, uns nicht liegt oder einfach keinen Spaß macht. Es gibt kaum eine Beschäftigung, bei der keinerlei Routinearbeit anfällt. Erledigen müssen wir sie so oder so, ob wir uns dabei hängen lassen oder das Beste daraus machen. Inzwischen ist auch bekannt, dass uns eine Arbeit, die wir unmotiviert und lustlos angehen, viel mehr Energie kostet.

Mit etwas Phantasie kann man jede Arbeit, und sei sie auch noch so langweilig, so gestalten, dass sie einem leicht fällt und die Zeit schnell vergeht. Hier ein paar Tipps dazu:

- Arbeiten Sie mit einer Stoppuhr und versuchen Sie einen neuen Tempo-Rekord aufzustellen.
- Denken Sie sich dabei etwas Schönes aus.

- Tun Sie gleichzeitig etwas für Ihre Gesundheit (zum Beispiel eine Atemübung machen, den Nacken rollen, Fußgelenke kreisen).
- Hören Sie dazu flotte Musik oder singen Sie.
- Pauken Sie Wörter einer Fremdsprache oder merken Sie sich Blumennamen.
- Machen Sie öfter eine Pause.
- Belohnen Sie sich nach getaner Arbeit (Kurzausflug ins Internet, Solitär spielen, etwas Süßes essen oder Feines trinken, Kinokarten besorgen usw.).
- Widmen Sie die Arbeit dem Universum als Gabe des Dankes oder des Lobes.
- Sprechen Sie zum Arbeitsrhythmus eine positive Affirmation.

Achten Sie bei jeder Arbeit auch immer auf Ihre Haltung. Bleiben Sie locker und entspannt, eine verkrampfte Haltung raubt Ihnen zusätzlich Energie und ermüdet nicht nur den Körper, sondern auch den Geist.

Vielleicht ist die Arbeit ja so eintönig, dass Sie sich dabei sogar einen geistigen Kurzurlaub gönnen können:

Imagination *Sie sehen sich im Urlaub im Land Ihrer Träume, treffen interessante Menschen und tun genau das, wozu Sie am meisten Lust haben.*

Bejahung *Alle meine Handgriffe sind Gesten, die mir Zufriedenheit und Glück bringen. Zufriedenheit und Glück – Zufriedenheit und Glück.*

Kreativitäts-Mudra – Mudra der Talente

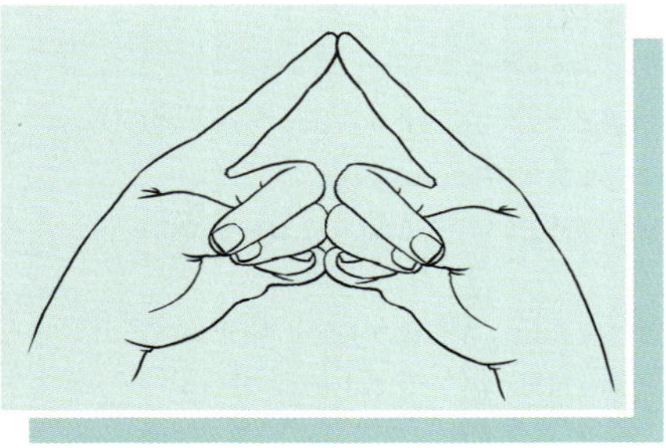

Vorbereitung Massieren Sie zuerst die Zeigefinger und kleinen Finger beider Hände gründlich.

Mudra Legen Sie bei jeder Hand die Daumenkuppe auf den Nagel des kleinen Fingers, dann Mittel- und Ringfinger über den Daumen und fügen Sie die Spitzen der Zeigefinger beider Hände zusammen.

Atmung Atmen Sie dabei tief, langsam, rhythmisch und fein. Die Pausen nach dem Ein- bzw. Ausatmen sind etwas verlängert. Sie vertiefen während der ersten 12 Atemzüge die Einatmung und spüren hinter die Stirnmitte.

Wirkung Diese Mudra aktiviert und synchronisiert beide Gehirnhälften.

Wenn wir unsere Kreativität (jede/r ist mindestens in einem Bereich kreativ) aktivieren wollen, sind folgende Punkte zu beachten:

- Wir müssen uns unserer eigenen Kreativität bewusst werden und sie als Geschenk voll zu würdigen wissen.
- Wir sollten uns gedanklich so viel wie möglich damit beschäftigen.
- Alles, was wir sehen, hören oder erleben, sollten wir in Zusammenhang mir unserem Talent bringen.
- Wir sollten unsere Talente so oft wie möglich einsetzen, also sozusagen trainieren, um sie zu vervollkommnen – schließlich ist noch kein Meister vom Himmel gefallen. Sie werden sehen, es macht enorm Spaß zu merken, dass man immer besser wird.
- Das Resultat oder Produkt unseres Talents sollte nie nur für uns selbst, sondern auch zum Nutzen und/oder zur Freude anderer bestimmt sein.

In einer Stadt wie Zürich wimmelt es sozusagen von unglücklichen, drogenabhängigen und frustrierten Künstlern. Das müsste nicht sein, wenn nicht die Ansprüche von vornherein zu hoch angesetzt wären und die Leute nicht meinen würden, sie müssten etwas »Großes« vollbringen, um die Gesellschaft zu beeindrucken. Wenn es darum geht, Freude am Tun zu empfinden und uns ein Erfolgserlebnis zu verschaffen, spielt es jedoch keine Rolle, ob wir einen Kuchen backen, ein Gartenbeet anlegen, ein Fest organisieren, ein Bild malen oder eine Symphonie komponieren – wichtig ist nur, dass es unserem Innersten entspricht.

Ich kenne allerdings auch glückliche KünstlerInnen, die still und selbstbewusst ihren Weg gehen und immer wieder durch neue Arbeiten und Ideen sich selbst und andere beglücken. Sie sind relativ unabhängig von äußerer Anerkennung und Kritik, weil ihnen allein schon das Tun große Befriedigung schenkt und sie selbst das Produkt ihres Schaffens lieben.

Um gesund, zufrieden und glücklich zu sein, sollten wir uns täglich ein gewisses Maß an Zeit für unsere Talente einräumen. Dazu sind wir nie zu jung oder zu alt und wir sollten auch nie zu beschäftigt dazu sein. Stellen Sie sich doch einmal folgende Fragen:

- Was macht mir am meisten Freude?
- Was würde ich tun, wenn ich mehr Zeit für meine Talente hätte?
- Wann, wie oft und wie lange könnte ich mir Zeit dazu nehmen?
- Wo könnte ich sofort etwas ändern?
- Wo könnte ich in absehbarer Zeit etwas anders organisieren?
- Wie sollen die »Resultate« meines Tuns aussehen?
- Wem könnte ich damit eine Freude machen?

Imagination Stellen Sie sich vor, wie Sie leicht, gelassen und ohne jeglichen Ehrgeiz etwas tun, das Ihnen Spaß macht. Einen Teil behalten Sie für sich, anderes verschenken Sie großzügig oder teilen es mit anderen. Sie sind ein Mensch, der großzügig und umsichtig anderen Freude bereitet.

Bejahung Das Universum hat mir in seiner Weisheit viele Talente geschenkt. Ich setze sie weise ein und biete die Resultate voller Dankbarkeit und Anerkennung dem Göttlichen an.

Be-cool-Mudra – Mudra gegen Angst

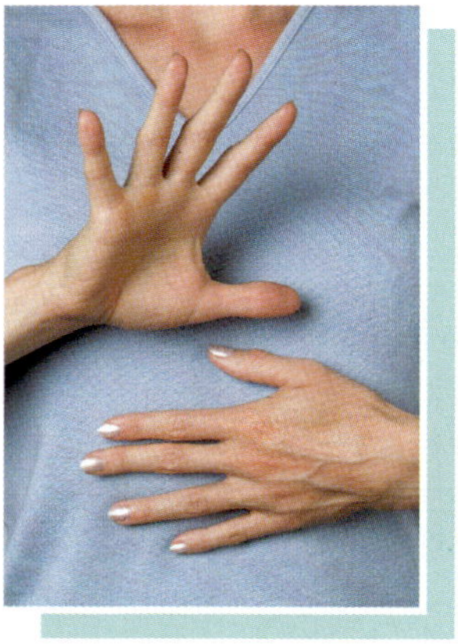

Vorbereitung Ein wichtiger Akupressurpunkt zur Behandlung von Angstzuständen befindet sich an der Außenkante des Handgelenks, direkt neben dem Erbsenbein, wo der Unterarm in den Handballen übergeht. Massieren Sie diesen Punkt mit intensivem Druck 2 bis 3 Minuten.

Mudra Danach legen Sie die linke Hand auf den Magenbereich und halten die rechte mit leicht gespreizten Fingern wie ein Schild auf Brusthöhe vor sich. Die Handfläche weist dabei nach vorn. Wenn Sie ermüden, legen Sie die rechte Hand auf die linke.

Atmung Atmen Sie dabei tief, langsam, rhythmisch und fein. Die Pausen nach dem Ein- bzw. Ausatmen sind etwas verlängert. Sie konzentrieren sich auf das Solarplexus-Chakra.

Wirkung Diese Mudra kann Ihnen helfen, Ängste in den Griff zu bekommen und auf die Dauer auch zu überwinden.

Wenn man in einer Gruppe die einzelnen Teilnehmer fragt, wovor sie Angst haben, dann kann man oft nur noch staunen, denn in dieser Hinsicht scheint unsere Phantasie keine Grenzen zu kennen. Man kann vor *allem* Angst haben. Ängste sind einerseits sicher ernst zu nehmen, andererseits aber auch eine Art »Hirngespinste« – das Schreckliche spielt sich im Kopf ab.

Es gibt aber durchaus ein paar Möglichkeiten, die Angst, die uns das Leben unnötig schwer macht, in Schach zu halten oder sogar ganz zu überwinden:

- Schauen Sie der Angst ins Auge und gehen Sie ihr mit Vernunft auf den Grund (was wäre, wenn ...).
- Versuchen Sie es mit einem Ablenkungsmanöver.
- Wenn gar nichts hilft – dann beten Sie.

Mir persönlich hilft es auch oft, wenn ich mich selbst wie ein kleines Mädchen an die Hand nehme, mir gut zurede und mich dann ganz behutsam an die Angst auslösende Situation heranführe. Ich komme mir dann manchmal vor wie eine Mutter, die mit ihrem Kind zum Zahnarzt geht. Aber es hilft – was soll's also!

Packen Sie Ihre Ängste ruhig energisch an – aber Vorsicht: nicht schimpfen. Manchmal kann uns der Humor ebenfalls über die Klippe helfen. Und selbst wenn heute gegen Ängste oft Psychopharmaka verschrieben werden: Auch Sport, Yoga, verschiedene Entspannungstechniken, Massagen oder der Besuch einer Selbsthilfegruppe bieten Möglichkeiten, besser mit Ihren Ängsten fertig zu werden und sie letztlich ganz zu überwinden.

Werden Sie in aller Öffentlichkeit von Ängsten heimgesucht, können Sie unauffällig den anfangs beschriebenen Punkt am Handgelenk massieren, danach beide Hände auf den Magen legen und ganz konzentriert den Mudra-Atem praktizieren. Sie werden sehen, der Schrecken geht so schnell vorbei, wie er gekommen ist. Probieren Sie es aus!

Von großem Nutzen ist es auch, wenn Sie Szenen visualisieren, in denen Sie Ereignisse, vor denen Sie sich fürchten, heil überstehen. Ist es eine ganz bestimmte Situation, vor der Sie Angst haben, dann machen Sie am besten eine »Mudra-Kur«: Sie praktizieren die Mudra 3-mal täglich 5 bis 10 Minuten und stellen sich dabei die beängstigende Situation mit gutem Ausgang vor, und zwar 7 bis 21 Tage lang. Es kann passieren, dass Sie einige Tage brauchen, bis Sie die positiven Bilder halten können – die Angstbilder werden Ihnen am Anfang immer wieder dazwischenfunken. Bleiben Sie trotzdem beharrlich dabei.

Imagination *Sie stellen sich vor, wie Sie eine furchterregende Situation heil überstehen und sich – wenn das gut klappt – sogar daran erfreuen können.*

Bejahung *Ich lasse mich nicht unterkriegen. Frei und mutig packe ich diese Situation an – da geh ich durch – und weiß mich stets geschützt und geführt durch die Macht des Göttlichen.*

Ohren-Mudra – Mudra für bessere Wahrnehmung

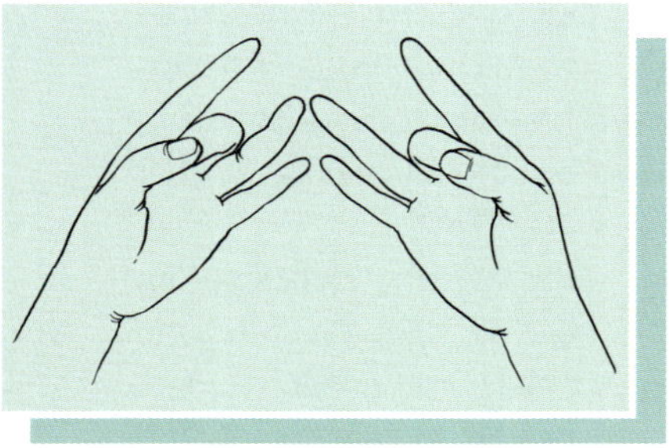

Vorbereitung Massieren Sie die Wurzelglieder von Ringfinger und kleinem Finger beider Hände.

Mudra Mit beiden Händen (siehe Abb.) oder nur mit der linken Hand: Legen Sie den Mittelfinger innen an das obere Daumengelenk, so dass die Daumenkuppe auf dem Nagel des Mittelfingers liegt. Die anderen Finger sind gestreckt und die Hände ruhen locker im Schoß.

Atmung Atmen Sie dabei tief, langsam, rhythmisch und fein. Die Pausen nach dem Ein- bzw. Ausatmen sind etwas verlängert. Sie konzentrieren sich auf das Hals-Chakra.

Wirkung Wie schon der Name sagt, hilft diese Mudra bei Ohrenproblemen jeder Art.

Schwache, schmerzende oder taube Ohren sowie Ohrgeräusche können ein Anzeichen dafür sein, dass wir uns von der Umgebung abschirmen wollen: Wir wollen oder können einfach nichts mehr hören. Dadurch schränken wir aber auch unsere Wahrnehmung von wichtigen oder schönen Dingen ein. Wie oft erleben wir eine »Ent-täuschung«, weil wir etwas nicht richtig wahrgenommen haben oder Unangenehmes nicht wahrnehmen wollten. Zudem verschließen wir damit unsere Ohren auch dem Reich der Natur und der Musik – und das ist wirklich schade.

Die Wahrnehmung durch die Ohren – das Hören – steht in enger Verbindung mit unserer Gefühlswelt und unserem inneren Rhythmus. Geräusche, Töne, Melodien und Rhythmen können unsere Stimmung enorm beeinflussen. Wie wäre es denn mit einer Art »musikalischer Hausapotheke«, die ganz auf Sie selbst und Ihre Bedürfnisse zugeschnitten ist? Probieren Sie's doch mal aus: Welche Musik brauchen Sie, um in Schwung zu kommen? Welche Musik hebt Ihre Stimmung und welche hilft Ihnen, melancholische

Zustände zu überbrücken? *Hören Sie so oft wie möglich Ihre Lieblingsmusik, ohne sich von irgendetwas ablenken zu lassen.* Lassen Sie sich von ihr tragen und entspannen Sie sich dabei. Lassen Sie einfach die Seele baumeln.

Ohrenprobleme, besonders Tinnitus, stehen auch oft in einem Zusammenhang zu Stress, Nackenverspannungen und Kreislauf.

Die folgenden Tipps können Ihnen helfen, wenn Sie Schwierigkeiten mit den Ohren haben:

- Heizen Sie die Handflächen durch Reiben auf und legen Sie die heißen Hände etwa 1 Minute an die Ohren.
- Drücken Sie die Mittelfinger auf die beiden Knorpel vor der Ohröffnung und machen Sie eine pumpende Bewegung. Dabei summen Sie beim Ausatmen abwechselnd einen hohen und einen tiefen Ton.
- Legen Sie bei Ohrenschmerzen eine Wärmflasche auf die Ohren.
- Massieren Sie die Ohrmuscheln.
- Lockern Sie das Kiefergelenk, indem Sie die Mittelfinger an beide Seiten des Unterkiefers legen und ihn leicht hin- und herbewegen.
- Umfassen Sie so oft wie möglich den Mittelfinger mit der anderen Hand.
- Vermeiden Sie Stress, Hektik und Überlastung.

Imagination *Stellen Sie sich vor, dass Sie sich eine wunderschöne riesige Muschel ans Ohr halten. Sie hören das Rauschen des Meeres. Es fühlt sich an, als würde jeder Atemzug Sie weit ins Meer hinaustragen. Es zieht Sie ins Wasser, und Sie werden so klein, dass Sie in einem einzigen Wassertropfen Platz haben. Der Wassertropfen, der Sie umschließt, ist mit allen anderen Tropfen verbunden. Sie flüstern ein Wort und nehmen wahr, dass dieses Wort als klingendes Echo aus unzähligen Wassertropfen zurückhallt. Sprechen Sie nun immer wieder positive Worte und spüren Sie dem Schall nach. Nach einer Weile werden Sie ganz still, horchen in die Stille des Universums hinein und schöpfen daraus eine heilsame Kraft.*

Bejahung *Ich nehme klar und deutlich wahr, was für mich wichtig und gut ist.*

Augen-Mudra – Mudra für eine klare Sicht

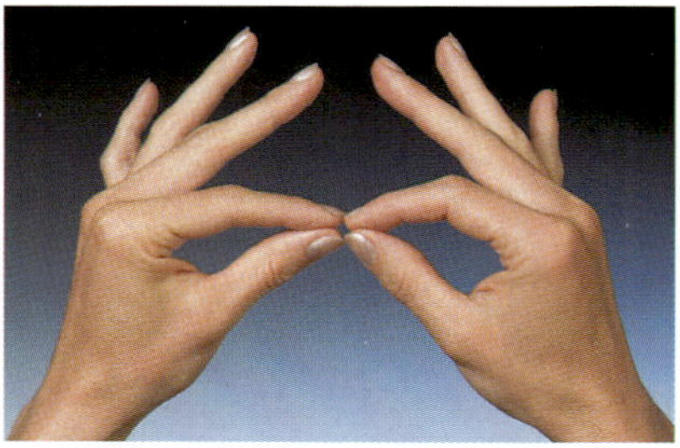

Vorbereitung Massieren Sie die Wurzelglieder von Zeige- und Mittelfinger beider Hände.

Mudra Legen Sie die Zeigefinger- und die Daumenkuppe jeder Hand aufeinander, fügen Sie die Spitzen dieser vier Finger zusammen und halten Sie die Hände wie eine Brille vor die Augen. Schauen Sie durch die beiden Öffnungen und halten Sie dabei den Blick auf einen Punkt fixiert. Wenn Sie ermüden, lassen Sie zwischendurch einfach die Hände sinken und den Blick in die Ferne schweifen.

Atmung Atmen Sie dabei tief, langsam, rhythmisch und fein. Die Pausen nach dem Ein- bzw. Ausatmen sind etwas verlängert. Sie konzentrieren sich auf die Augen.

Wirkung Diese Mudra hilft Ihnen, wenn Sie Probleme mit den Augen haben, und verschafft Ihnen eine klare Sicht.

Die Augen-Mudra kombiniere ich gern mit dem folgenden Augenübungs-Programm:

- Heben Sie beide Hände auf Augenhöhe, legen Sie die Daumen aneinander und fixieren Sie den Blick auf die Daumennägel.
- Nun malen Sie mit den Daumen mehrmals eine große Blume oder ein Mandala, wobei der Blick *immer an die Daumen geheftet* bleibt.
- Dann holen Sie den einen Daumen ganz nah an die Nasenspitze heran, den anderen schieben Sie so weit wie möglich von sich weg. Schauen Sie dabei abwechselnd in die Nähe und in die Ferne – 12-mal wiederholen.
- Zum Schluss reiben Sie die Daumenballen aneinander, bis sie richtig warm sind, und legen sie behutsam auf die Augen – 3- bis 4-mal wiederholen.

Bei ermüdeten, geröteten oder entzündeten Augen können Ihnen folgende Tipps weiterhelfen:

- Wenn Sie lange lesen oder am Bildschirm arbeiten, sollten Sie zwischendurch öfters einmal blinzeln, in die Ferne schauen und die Augen für einige Sekunden schließen.
- Auf ermüdete Augen legen Sie kurz ein kaltes, feuchtes Tuch.
- Schützen Sie die Augen vor Zugluft.
- Tragen Sie bei grellem Licht eine qualitativ hochwertige Sonnenbrille.
- Essen Sie viel dunkelgrünes und orangefarbiges Gemüse.
- Versuchen Sie Nackenverspannungen zu vermeiden.
- Sorgen Sie für genügend Schlaf und meiden Sie verrauchte Luft.

Worauf wir unsere Augen richten, darauf richten sich auch unsere inneren Kräfte aus. Ein paar Beispiele: Nehmen wir auf einer Straße nur die deprimierten Menschen wahr, werden wir selbst nach unten gezogen. Lesen wir in der Zeitung nur die Artikel über Unfälle und Verbrechen ... Achten Sie einmal ein paar Tage lang darauf, worauf Sie Ihre Augen richten, und lenken Sie Ihren Blick – falls nötig – ganz bewusst immer wieder auf das Positive. Machen Sie es sich zur Gewohnheit, zuerst das Gute und Schöne zu sehen. Sie sollen dadurch keineswegs »blauäugig« werden oder vor einer bitteren Realität die Augen verschließen. Es geht vielmehr darum, durch die neue Gewohnheit körperliche und seelisch-geistige Kraft zu sammeln. Bleiben Sie ein Leben lang einsichtig, umsichtig und vorsichtig – dann geht es Ihnen gut.

Imagination Stellen Sie sich vor, Sie blättern in einem Fotoalbum. In diesem besonderen Album finden Sie nicht nur Fotos aus der Vergangenheit, sondern auch Bilder aus der Zukunft. Es sind Schnappschüsse von lauter tollen Ereignissen – Feiern, Gratulationen zu besonderen Leistungen, Familienfesten usw. Träumen Sie ein bisschen und schwelgen Sie so richtig in der gelösten und freudigen Stimmung, die diese Bilder in Ihnen hervorrufen.

Bejahung Ich sehe in allem und jedem das Gute und Schöne.

Pauker-Mudra – Mudra für effizientes Lernen

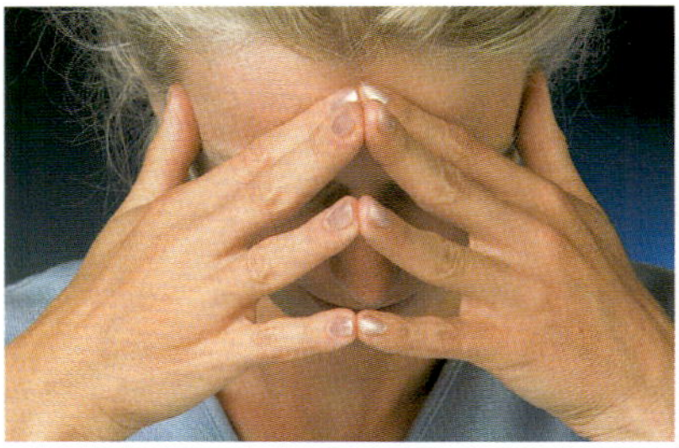

Vorbereitung Reiben Sie alle 10 Fingerspitzen etwa 50-mal aneinander.

Mudra Legen Sie die Daumen an die Schläfen und die Kuppen der anderen Finger aneinander. Die Zeigefinger liegen an der Stirn; die Ellbogen können Sie dabei auf einen Tisch aufstützen.

Atmung Atmen Sie dabei tief, langsam, rhythmisch und fein. Die Pausen nach dem Ein- bzw. Ausatmen sind etwas verlängert. Konzentrieren Sie sich auf die Stirnmitte.

Wirkung Mit dieser Mudra aktivieren und synchronisieren Sie beide Gehirnhälften; die rechte Gehirnhälfte ist für das Aufnehmen und Erinnern und die linke für die Wiedergabe des Lernstoffs zuständig. Außerdem aktiviert der leichte Druck auf Stirn und Schläfen unseren inneren Antrieb über den Gallenblasenmeridian.

Folgende Tipps können Ihnen das Lernen leichter machen:

- Sorgen Sie dafür, dass der Raum gut gelüftet ist.
- Trinken Sie zwischendurch viel Wasser.
- Laufen Sie immer wieder herum und bewegen Sie die Arme.
- Lassen Sie im Hintergrund leise Musik laufen, die Sie nicht ablenkt.
- Wechseln Sie öfters einmal Ihren Aufenthaltsort – auch in der Küche, im Garten oder im Café kann man lernen.
- Kreuzen Sie nie die Beine.
- Essen Sie Vollkornprodukte und viel Obst und Gemüse.
- Stellen Sie sich vor, Sie wären der Klassenbeste.
- Legen Sie nach spätestens 75 Minuten eine Pause ein.
- Treiben Sie Sport – dann können Sie in *weniger* Zeit *mehr* erreichen.
- Gestalten Sie Ihren Lernstoff so lebendig wie möglich und schaffen Sie Bezugspunkte, die ruhig auch humorvoll oder sexy sein dürfen.

Weitere kleine Tricks für effizientes Lernen finden Sie bei der Gedächtnis-Mudra auf Seite 156 oder bei der Konzentrations-Mudra auf Seite 74.

Zwischendurch sollten Sie sich auch regelmäßig einen »geistigen Kurzurlaub« gönnen, damit sich das Gehirn wieder erholen und Energie auftanken kann. Sie leisten nämlich gar nicht dann am meisten, wenn Sie pausenlos und ohne Ende vor sich hinbüffeln, sondern dann, wenn Sie sich auch einmal eine Pause erlauben. Das gilt für jede geistige Leistung, die Sie vollbringen müssen. Viele greifen dann zur Zigarette oder zu etwas Süßem. Aber Sie wissen es ja selbst – gut ist das nicht. Stattdessen sollten Sie sich besser Ihre Lieblingsmusik anhören, ein bisschen tanzen oder singen, eine Kraftübung oder Yoga machen, etwas Dörr- oder frisches Obst knabbern oder sich eben einen geistigen Kurzurlaub gönnen.

Imagination Sie sehen sich an Ihrem Urlaubsort, den Sie ganz nach Ihren Vorlieben und Bedürfnissen gestalten. Dort treffen Sie interessante Leute, gehen Ihren Hobbys nach und amüsieren sich in jeder Hinsicht prächtig.

Bejahung Ich merke mir, was ich wissen muss.

Gedächtnis-Mudra – Mudra für ein gutes Erinnerungsvermögen

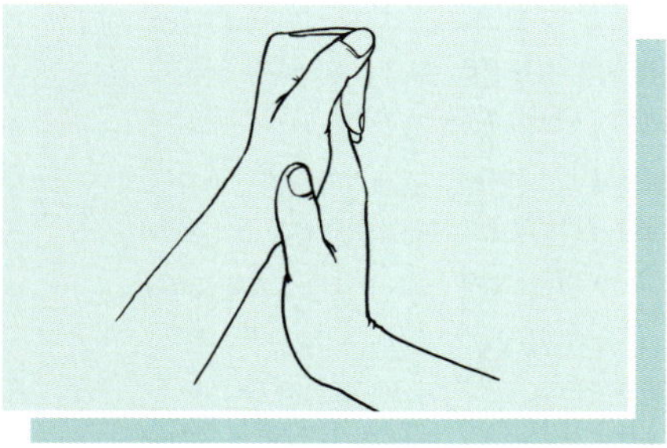

Vorbereitung Reiben Sie die Hände schnell und kräftig ca. 50-mal aneinander, wobei jeweils die Finger der einen die Finger der anderen Hand von oben umfassen.

Mudra Verlangsamen Sie nun den oben beschriebenen Bewegungsablauf und passen Sie ihn der Atmung an. Lassen Sie dabei den Blick auf einem fixen Punkt in etwa einem Meter Entfernung vor sich ruhen (4-mal pro Tag).

Atmung Atmen Sie dabei tief, langsam, rhythmisch und fein. Die Pausen nach dem Ein- bzw. Ausatmen sind etwas verlängert. Spüren Sie dem Atem in Brust und Bauch nach.

Wirkung Mit dieser Mudra wird das Gehirn gestärkt und aktiviert. Sie verbessert das Erinnerungsvermögen und fördert die Konzentrationsfähigkeit.

Ein gutes Gedächtnis hängt zum großen Teil von der Konzentrationsfähigkeit und dem Erinnerungsvermögen ab – die fünf Sinne sind wach und aktiv. Wenn das Erinnerungsvermögen nachlässt, steckt meistens Desinteresse, Zerstreutheit oder Gleichgültigkeit dahinter. Wenn Sie Ihr Gedächtnis trainieren wollen, können Ihnen folgende Tricks zum Erfolg verhelfen:

- Eine wichtige Voraussetzung ist, dass Sie wirklich motiviert sind und sich ein bestimmtes Ziel setzen.
- Kreieren Sie für jedes Wort oder jede Zahl ein eingängiges Bild oder eine kleine Geschichte.
- Namen bleiben am besten im Gedächtnis, wenn Sie sie mit Personen und Namen in Bezug setzen, die Sie schon kennen, und/oder sich mit dem Betreffenden innerlich kurz auf positive Weise beschäftigen.
- Geben Sie dem Lernstoff einen Sinn.
- Auch für Fremdwörter können Sie »Eselsbrücken« bauen.
- Fassen Sie Gelesenes, Gehörtes oder Gesehenes in Worte.

- Bleiben Sie am Ball und lernen Sie immer weiter.
- Nehmen Sie sich abends Zeit für einen positiven Tagesrückblick und versuchen Sie, sich dabei auch an Kleinigkeiten (etwa Gespräche) genauestens zu erinnern.
- Wenn Sie sich einen ganz bestimmten Lernstoff aneignen wollen, finden Sie weitere Tipps bei der Pauker-Mudra auf Seite 154.

Wichtig ist beim Gedächtnistraining auch der sogenannte »Null-Punkt«. Sie kennen das vielleicht: Man lernt etwas und kommt dabei schnell voran. Eines grässlichen Augenblicks hat man dann das Gefühl, alles sei plötzlich wie weggewischt – man hat ein totales Blackout. Lassen Sie sich davon nicht irritieren. Das zeigt an, dass Sie jetzt auf eine andere Ebene kommen. Danach läuft wieder alles wie am Schnürchen.

Sehr motivierend und spannend ist in diesem Zusammenhang das Buch *In 10 Tagen zum vollkommenen Gedächtnis* von Joyce Brothers und Edward P. F. Eagan.

Neuste Forschungen belegen, dass das Erinnerungsvermögen nicht zwangsläufig altersbedingt nachlässt, sondern dass das Gedächtnis durch mangelnden Einsatz und zunehmendes Desinteresse sozusagen »einrosten« kann. Auch junge Menschen können vieles vergessen – vor allem das, was sie nicht direkt betrifft oder interessiert.

Und noch etwas sollten Sie wissen: Für unseren Gesundheitszustand und unseren Energiepegel sind schöne Erinnerungen von unschätzbarem Wert.

Imagination Schwelgen Sie öfter einmal in schönen Erinnerungen – aber ganz ohne Groll oder Bedauern darüber, dass es nun nicht mehr so ist. Gestalten Sie im Geist jeden Tag der Gegenwart so, dass er später auch zu einer schönen Erinnerung wird. Malen Sie sich aus, dass Sie nach dem Motto leben: »Ich mache mir und einem anderen Menschen jeden Tag eine kleine oder große Freude« – und tun Sie es dann auch.

Bejahung Ich erinnere mich immer an das, was für mich wichtig ist.

Friedens-Mudra – Mudra für Zufriedenheit

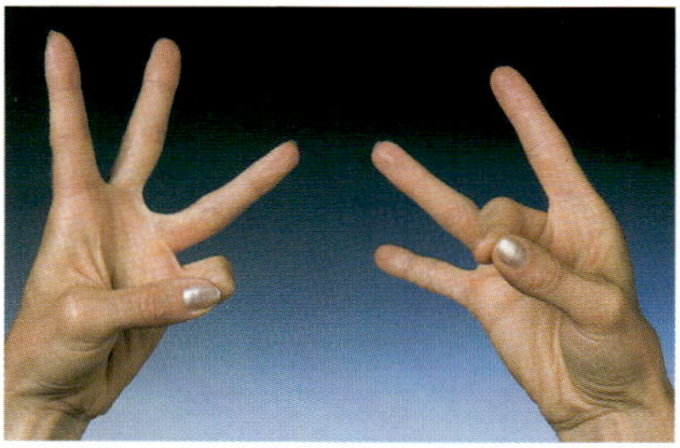

Mudra Frauen legen die Daumen- und die Mittelfingerspitze der rechten Hand und die Daumenspitze und die Spitze des kleinen Fingers der linken Hand aneinander (siehe Abb.). Männer legen rechts die Spitze des kleinen Fingers und links die Mittelfingerspitze an den Daumen. Die anderen Finger sind jeweils gestreckt. Halten Sie die Hände vor den Nabel.

Atmung Atmen Sie dabei tief, langsam, rhythmisch und fein. Die Pausen nach dem Ein- bzw. Ausatmen sind etwas verlängert. Konzentrieren Sie sich dabei auf das Sakral-Chakra.

Wirkung Diese Mudra balanciert die inneren Energien aus, steigert das allgemeine Wohlbefinden und schenkt Zufriedenheit.

Unzufriedenheit kommt häufig von innen. Oft sind die Hormondrüsen nicht im Gleichgewicht, was uns gereizt und unzufrieden macht. Oder wir liegen mit uns selbst im Streit, Herz und Verstand bekriegen sich.

Oft übertragen wir diese Unzufriedenheit dann nach außen und suchen die Schuld bei anderen. Diese Strategie macht uns jedoch nicht glücklich. Aber wir können ja jederzeit eine Richtungsänderung vornehmen. Es gehört allerdings auch zum Leben, dass wir hin und wieder einmal unzufrieden sind. Manchmal fördert Unzufriedenheit sogar die Bereitschaft, sich auf etwas Neues einzulassen oder Kompromisse zu schließen. Vielleicht kann Ihnen das folgende Bild ja neue Erkenntnisse vermitteln.

Imagination Malen Sie im Geist ein wunderschönes Bild ganz in Weiß. Weiß ist die geheimnisvolle Farbe des Friedens und die Farbe von Anfang und Ende – durch Weiß gelangen Sie in eine ganz neue Sphäre.

Bejahung Zufriedenheit – Friede – Freiheit – Freude.

Flammen-Mudra – Mudra für das »gewisse Etwas«

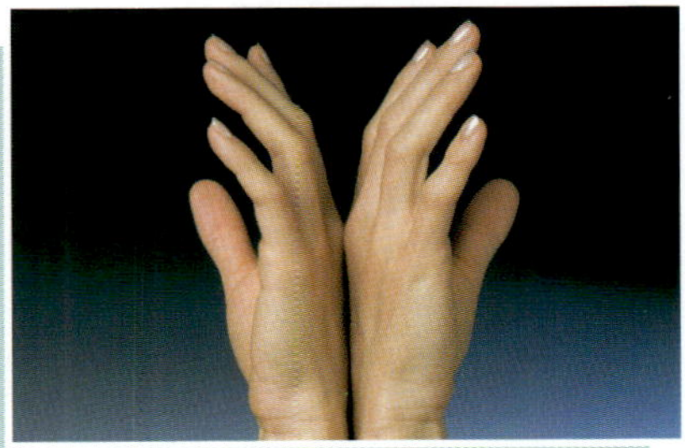

Vorbereitung Reiben Sie die beiden Handrücken aneinander.

Mudra Fügen Sie beide Handrücken aneinander und legen Sie die Hände in dieser Position an das Brustbein.

Atmung Atmen Sie dabei tief, langsam, rhythmisch und fein. Die Pausen nach dem Ein- bzw. Ausatmen sind etwas verlängert. Konzentrieren Sie Ihr Bewusstsein auf das Herz-Chakra.

Wirkung Diese Mudra weckt auf und stimuliert den Kreislauf.

Wir alle bewundern Menschen mit dem »gewissen Etwas« und insgeheim wünschen wohl auch wir uns ein wenig oder sogar ganz viel davon. Manche Menschen haben allerdings zwar ein gewisses Etwas, jedoch im negativen Sinn. Aber darauf möchte ich hier nicht näher eingehen, denn das anzustreben ist nicht wünschenswert, da es ringsum viel Leid verursacht.

Was zeichnet nun aber einen Menschen aus, der das positive gewisse Etwas ausstrahlt, andere in seinen Bann zieht und mit sich und der Welt rundum zufrieden ist? Während der letzten Jahre bin ich vielen international bekannten Menschen mit dem gewissen Etwas begegnet und konnte so dieses Phänomen ausgiebig beobachten und studieren. Folgende Qualitäten haben all diese Menschen meiner Meinung nach aufzuweisen:

- eine absolute Präsenz
- Begeisterungsfähigkeit
- eine hohe Motivation und Zielsetzung
- Entscheidungsfreudigkeit
- Freundlichkeit und Wohlwollen
- Toleranz
- eine positive Kommunikationsweise
- Mitgefühl und Achtsamkeit

- eine gepflegte Erscheinung
- eine gute Körperhaltung
- harmonische Bewegungsabläufe
- einen klaren Blick
- einen freundlichen Gesichtsausdruck
- Humor
- eine positive Lebenseinstellung
- eine gute Portion Gottvertrauen

Wie wir sehen, spielen Alter, Lebensstandard oder Schönheit dabei keine wesentliche Rolle. Das alles sind also Qualitäten, die auch wir an den Tag legen können. Wir brauchen nicht jedem zu zeigen, wie unsere Stimmung gerade ist, was unsere Fehler sind und wo unsere Ängste sitzen. Wir brauchen auch nicht ungefragt an allem und jedem herumzukritisieren. *Stattdessen sollten wir uns möglichst immer von unserer besten Seite zeigen* und auch zum Ausdruck bringen, was wir können und für was wir uns begeistern. Denn mit unserer Begeisterung können wir andere Menschen anziehen und anstecken. Dann kommt das gewisse Etwas auch bei uns zum Vorschein. Eine große Rolle spielt auch, wie wir auf andere zugehen: beileibe nicht aufdringlich oder heuchlerisch, aber offen, tolerant und wohlwollend. Es gibt keinen einzigen Menschen, der das nicht verdient hätte – das gilt auch, wenn jemand nicht ganz so »funktioniert«, wie wir es gern hätten. Vielleicht müssen wir oftmals zuerst unsere Hemmungen und Ängste überwinden, aber das müssen auch Menschen mit Charisma.

Ich denke dabei gern an einen Lehrling zurück, der in unserem Büro – ich arbeitete damals in einem Zeitungsverlag – einige Monate aushelfen musste. Er war immer sauber und gepflegt, machte auch die langweiligste Arbeit mit Vergnügen und war zu allen MitarbeiterInnen sehr zuvorkommend. Dass er später eine steile Karriere machen würde, war schon damals vorherzusehen, und so kam es dann auch.

Sehr viel hängt auch von unserer Körperhaltung, unserer Gestik und Mimik und von unserer Kleidung ab. Vielleicht lassen Sie sich ja hin und wieder einmal von einer Freundin, die sich auf Kleidung und Kosmetik versteht, ein paar Tipps geben. Eine noch größere Rolle als die entsprechenden Klamotten spielen jedoch Körperhaltung, Gestik und Mimik. Das alles können Sie vor dem Spiegel ausprobieren und es kostet Sie keinen Pfennig.

Doch wie wichtig das äußere Erscheinungsbild auch sein mag, noch weit wichtiger ist unsere innere Einstellung. Das kann ich gar nicht genug betonen. *Denken Sie positiv, zeigen Sie anderen Ihre Wertschätzung, schenken Sie ihnen Vertrauen und begeistern Sie sich für das, was Sie vertreten.*

Lassen Sie das Buch doch ein paar Tage an dieser Stelle aufgeschlagen liegen und vertiefen Sie sich in die angesprochenen Möglichkeiten. Sie alle kosten nichts und sind mit kleinstem Aufwand nachvollziehbar. Wenn Sie diese neue Haltung erst einmal eine Zeit lang vor dem Spiegel und auch im Zusammensein mit Bekannten geübt haben, wird sie bald zu einer lieben Gewohnheit. Dann werden auch die Komplimente nicht ausbleiben. Achten Sie aber darauf, dass Ihr neues Verhalten nicht nur aufgesetzt ist: Wenn Sie sich zum Beispiel tolerant und wohlwollend geben, dann müssen Sie das auch im Herzen sein. Diese neue Verhaltensweise soll Ihnen in Fleisch und Blut übergehen. Wenn Sie sie dann ganz verinnerlicht haben, profitieren Sie nicht nur im Umgang mit Menschen oder im Hinblick auf Ihre Karriere davon, sondern auch in Bezug auf Ihre Gesundheit.

Imagination *Stellen Sie sich vor, dass Sie in einem Rollenspiel eine Person mit dem »gewissen Etwas« spielen. Wie ist es dann um Ihre Körperhaltung, Gestik, Mimik und Stimme bestellt? Sie hören sich ganz begeistert von Ihren Vorlieben und Hobbys sprechen, ermuntern andere, machen ihnen Komplimente und/oder hören ihnen aufmerksam zu. Bei allem und jedem gibt es auch eine schöne Seite. Die finden Sie nun, sprechen davon und schmücken sie sogar noch ein bisschen aus.*

Bejahung *Ein spezielles Charisma ist mein Markenzeichen. Lächelnd und spielerisch meistere ich mein Leben.*

Muße-Mudra – Mudra gegen Überaktivität

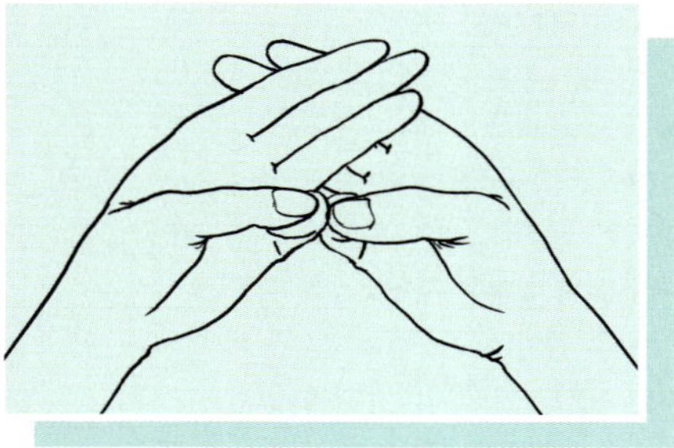

Mudra Legen Sie bei jeder Hand den Daumen auf den Nagel des kleinen Fingers. Dann legen Sie Zeige-, Mittel- und Ringfinger der linken Hand auf die Finger der rechten Hand und halten die Hände im Schoß.

Atmung Atmen Sie dabei tief, langsam, rhythmisch und fein. Die Pausen nach dem Ein- bzw. Ausatmen sind etwas verlängert. Vertiefen Sie bei den ersten 12 Atemzügen die Ausatmung. Richten Sie Ihre Achtsamkeit auf das Wurzel-Chakra.

Wirkung Bei dieser Mudra wird die rechte Hand (Aktivität und Tatendrang) sozusagen von der linken (Passivität und Ruhe) gebremst.

Wer mit Überaktivität zu kämpfen hat, kann nicht mehr zur Ruhe kommen – er ist sozusagen »überdreht«. In diesen Zustand geraten viele Menschen, die sich über einen längeren Zeitraum hinweg zu viel Arbeit und Verpflichtungen aufgeladen haben. Oft gestalten sie auch noch ihren Urlaub und das Wochenende so, dass durch überflüssiges Herumfahren und andere unnötige Aktivitäten gar keine Ruhe aufkommen kann. Das führt zu Unwohlsein und Stress, da sie sich zwar nach Ruhe sehnen, die ersehnte Ruhe aber nicht aushalten können. Dass dieses Verhaltensmuster hinter vielen sogenannten »Zivilisationskrankheiten« steckt, leuchtet ein.

Wenn Sie sich auch mit diesem Problem herumschlagen sollten, müssen Sie zusehen, dass Sie aus dem Teufelskreis »Ich brauche Ruhe und vertrage sie nicht« herauskommen. Einer der folgenden Tipps kann Ihnen dabei sicher helfen:

- jeden Tag zweimal mindestens 30 Minuten meditieren
- Yoga machen
- Wanderferien in den Bergen buchen (Auto daheim lassen)
- eine mehrtägige gemütliche Radtour machen

- regelmäßig einen Abendspaziergang unternehmen
- mit Kindern oder Tieren spielen
- jeden Tag so viel wie möglich schwimmen
- regelmäßig locker joggen (ohne Wettkämpfe)
- singen, tanzen, musizieren, zeichnen, malen
- im Garten arbeiten, kochen oder ein anderes beruhigendes Hobby ausüben

Wenn Sie aus den Tipps eine sportliche Betätigung auswählen, lassen Sie die Müdigkeit danach zu und achten Sie darauf, dass Sie dann für längere Zeit wirklich *nichts tun*. Wenn Sie dabei unruhig werden, machen Sie einfach die Mudra und meditieren ein bisschen. Versuchen Sie die Ruhe auszuhalten. Das ist gar nicht so einfach, da in Ihrem Gehirn andere Programme ablaufen und vorwiegend Hormone ausgeschüttet werden, die Sie antreiben. Es kann durchaus ein paar Wochen dauern, bis die Balance zwischen Ruh'n und Tun wiederhergestellt ist. Bleiben Sie beharrlich! Und belohnen Sie sich, wenn Sie es schaffen – aber bitte nicht mit einer Städtetour am Wochenende.

Sie werden sich noch öfter dabei ertappen, dass Sie für Abende und Wochenenden Pläne schmieden, bei denen Sie Ihre Unruhe voll ausleben können und Ihre Überaktivität wieder voll zum Zug kommt. Sie werden viel Achtsamkeit brauchen, um dieses Muster zu durchbrechen. Aber Ihrer Gesundheit und Ihrem Wohlbefinden zuliebe lohnt es sich allemal.

Bilder, in denen die Rhythmen der Natur eine Rolle spielen, können Ihnen helfen, die natürliche Ruhe zu finden.

Imagination *Stellen Sie sich vor, dass Sie am Meer sitzen und die Wellen betrachten – wie sie heranbranden, sich vor Ihren Füßen brechen, schäumen und wieder zurückfließen. Übergeben Sie Ihre Unruhe den Wellen, die sie weit ins Mehr hinaustragen.*

Bejahung *Ich ergebe mich ganz der Göttin der Muße und genieße das Hier und Jetzt ohne Wenn und Aber.*

Riecher-Mudra – Mudra zur richtigen Entscheidung

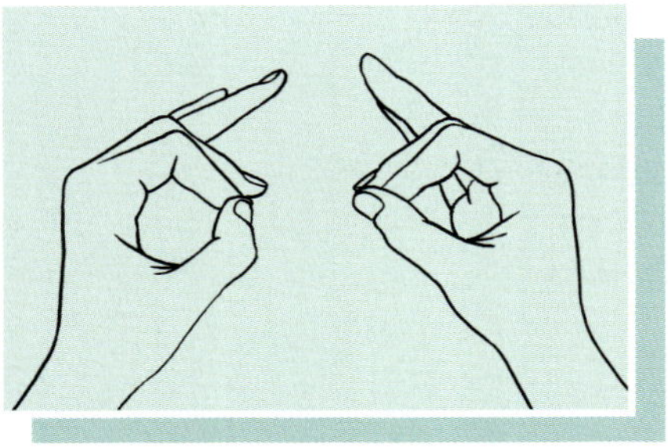

Mudra Legen Sie bei jeder Hand den Daumen an die Außenkante des Zeigefingers und den Mittelfinger an die Daumenspitze. Die anderen beiden Finger sind gestreckt und die Hände liegen locker im Schoß.

Atmung Atmen Sie dabei tief, langsam, rhythmisch und fein. Die Pausen nach dem Ein- bzw. Ausatmen sind etwas verlängert. Sie richten Ihre Achtsamkeit auf die Nase und spüren dem ein- und ausströmenden Atem nach. Fühlen Sie den Atem in Brust und Bauch, der sich im Rhythmus des Atmens hebt und senkt.

Wirkung Diese Mudra hilft bei Zahnschmerzen und auch bei Bauchkrämpfen, die von Verspannungen im Dickdarm verursacht werden. Auf der mentalen Ebene macht sie uns Entscheidungen leichter. Man könnte fast sagen, sie schenkt uns einen guten Riecher für den richtigen Entschluss. Ausprobieren!

Bedenken Sie, *jede* Entscheidung ist immer noch besser als gar *keine*. In der östlichen Philosophie heißt es, dass jeder gefällte Entschluss auch der richtige sei: Wenn eine Entscheidung Erfolg und Freude bringt, ist sowieso alles okay, wenn sie dagegen Leid und Verdruss bringt, dann ist dies als Herausforderung zu verstehen, die es zu bewältigen gilt, um dabei zu lernen, Kraft zu gewinnen und innerlich zu wachsen. Das kann uns helfen, uns keine Vorwürfe zu machen, wenn wir uns einmal »anscheinend« falsch entschieden haben.

Es kann passieren, dass wir uns zwischen zwei oder sogar mehreren Sachen (Wohnungen, Arbeitsstellen, Schulen usw.) entscheiden müssen, deren Vor- und Nachteile sich die Waage halten. In solchen Situationen hilft mir jedes Mal ein Ritual, das seit Urzeiten von Menschen auf der ganzen Welt durchgeführt wird. Ich kann mich nicht erinnern, damit jemals eine schlechte Entscheidung getroffen zu haben.

Benennen Sie jedes Entscheidungsobjekt und schreiben Sie dann jeden Namen auf einen Zettel. Nun drehen Sie die Zettel um, damit die Bezeichnung nicht mehr zu sehen ist, und mischen sie gründlich.

Sie halten einige Minuten die Mudra und beobachten den Atem. Bleiben Sie in Gedanken ganz auf sich konzentriert und lassen Sie zu, dass sich eine geistige Leere einstellt. Sobald Sie in eine wundersame Stille kommen, wiederholen Sie 7-mal den folgenden Satz: Meine innere Weisheit zeigt mir, was für mich richtig und gut ist und mir viel Freude bringt.

Danach decken Sie einen Zettel auf – damit haben Sie Ihre Entscheidung getroffen. So einfach und ganz klar!

Becken-Mudra – Mudra gegen Menstruationsbeschwerden

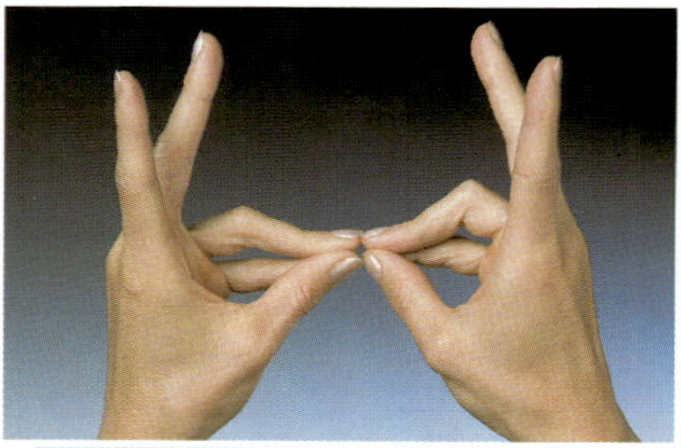

Vorbereitung Massieren Sie die kleinen Finger und danach die Ringfinger beider Hände von der Fingerkuppe bis zum Handgelenk ca. 100-mal.

Mudra Legen Sie die Kuppen von Ringfinger und kleinem Finger jeder Hand an die Daumenspitze und fügen Sie dann diese sechs Fingerspitzen zusammen. Die Hände halten Sie dabei auf Bauchhöhe.

Atmung Atmen Sie dabei tief, langsam, rhythmisch und fein. Die Pausen nach dem Ein- bzw. Ausatmen sind etwas verlängert. Konzentrieren Sie sich auf den Atemrhythmus im Bauch.

Wirkung Diese Mudra stärkt auf der einen Seite die Geschlechtsorgane, entspannt andererseits aber auch, wodurch sie Bauchkrämpfen entgegenwirken kann.

Weitere Tipps für die Zeit der Menstruation:

- Nehmen Sie 3- bis 4-mal am Tag Magnesium zu sich (bei Krämpfen alle 2 Stunden).
- Vermeiden Sie Milchprodukte, rotes Fleisch und Eigelb.
- Reduzieren Sie den Verzehr von Kohlenhydraten.
- Nehmen Sie vermehrt essentielle Fettsäuren zu sich (zum Beispiel in Leinsamenöl, Lachs, Makrelen, Schwertfisch).
- Auch Vitamin B und E wirken vorbeugend und aufbauend.
- Legen Sie sich eine Wärmeflasche auf den Bauch.
- Massieren Sie Bauch und Fußsohlen mit Jasmin, Rose und Lavendel (je 2 Tropfen in einen Esslöffel Mandelöl einrühren).
- Legen Sie rechts und links des Bauchnabels Zeige-, Mittel und Ringfinger auf den Bauch und erzeugen Sie eine sanfte Vibration, indem Sie die Finger schnell auf- und abbewegen.

Wenn Sie sich näher mit dem Thema »Frausein« befassen wollen, möchte ich Ihnen das Buch *Frauenkörper – Frauenweisheit* von Christiane Northrup ans Herz legen. In diesem Standardwerk findet frau so ziemlich alles, was sie über ihren Körper wissen sollte. Interessant und praktisch sind auch die vielen Tipps, um gesund zu werden oder zu bleiben.

Außerdem gibt es wunderbare Heilpflanzen, die speziell Frauen helfen. Sie können als Tee oder Frischpflanzentropfen eingenommen werden: zum Beispiel Frauenmantel (Alchemilla xanthochlora), Schafgarbe (Achillea millefolium) oder Traubensilberkerze (Cimicifuga).

Wichtig ist auch – aber das wissen Sie ja selbst –, dass Sie sich während dieser Tage ein bisschen verwöhnen und etwas kürzer treten. Das Wissen allein bringt's allerdings nicht: Also tun Sie's auch!

Eng verbunden mit dem Monatszyklus und überhaupt mit dem Thema Weiblichkeit ist der Mond. Dieser wiederum spielt eine große Rolle in Frauenfreundschaften und Beziehungen zwischen Müttern und Töchtern. Das folgende Bild kann Ihnen eine wundersame, tief greifende Geborgenheit schenken, die nur Frauen wirklich vermitteln können und die Ihnen an den »gewissen Tagen« besonders gut tut.

Imagination *Sie sitzen in einer warmen Sommernacht an einem Teich – Sie dürfen sich ruhig auch ein Bad gönnen. Dann richten Sie Ihren Blick zum Himmel hinauf, der durch das Mondlicht hell und klar erscheint. Nun sehen Sie vom Himmel eine Frauengestalt mit hellem Kleid und tiefblauem Mantel auf sich zukommen. Es ist die Urmutter – die Mutter, die bedingungslos liebt, tröstet, Mut macht und Geborgenheit schenkt. Sie lassen sich von ihr umarmen und genießen die wundervolle Wärme, die auf Sie übergeht und Sie ganz erfüllt. Sie erzählen ihr alles, was Sie bewegt, und hören, was sie Ihnen zu sagen hat.*

Bejahung *Ich bin ein geliebtes Kind der großen Göttin, die mir jederzeit alles schenkt, was ich für ein erfülltes Leben brauche – und noch ein wenig mehr.*

Gedulds-Mudra – Mudra für Gleichmut und innere Wärme

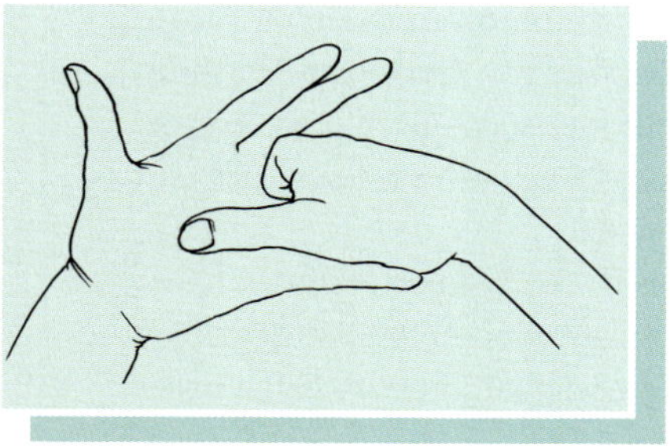

Vorbereitung Massieren Sie die beiden Ringfinger.

Mudra Umfassen Sie den linken Ringfinger mit den Fingern der rechten Hand und legen Sie den rechten Daumen in die Mitte der linken Handfläche. Nach einer Weile gehen Sie zum rechten Ringfinger über und umfassen ihn gleich lang. Die Hände werden vor den Magen gehalten.

Atmung Atmen Sie dabei tief, langsam, rhythmisch und fein. Die Pausen nach dem Ein- bzw. Ausatmen sind etwas verlängert. Sie konzentrieren sich auf das Solarplexus-Chakra.

Wirkung Diese Mudra stärkt die Leber und reguliert die Körperwärme. Im seelisch-geistigen Bereich schenkt sie uns Geduld und gleicht heftige Emotionen und innere Zerrissenheit aus. Sie kann aber auch übertriebener Gleichgültigkeit und Gefühlskälte entgegenwirken.

Ein Mangel an Geduld kann von einer schwachen oder überforderten Leber und/oder von einer falschen Lebenseinstellung verursacht werden. Ungeduld macht jedoch krank, führt zu innerer Unruhe und Spannungen und bewirkt, dass wir uns häufig unzufrieden und unglücklich fühlen. Aber Ungeduld bringt nichts und nützt nichts – ab heute also Schluss damit! Denn sie verbraucht viel Energie, die wir sonst sinnvoll einsetzen könnten. Mit Ungeduld können wir keine Wartezeit und keinen Genesungsprozess verkürzen; dennoch lässt sie sich auch nicht einfach wegschieben.

Was machen wir also damit? Da hilft nur eines: Wir nützen die Wartezeit. Entweder indem wir uns mit etwas anderem, das unsere volle Konzentration erfordert, beschäftigen, oder indem wir uns mit einer lustvollen Aktivität ablenken. Wir gehen ins Kino, lesen ein spannendes Buch, hören endlich die vor langem gekaufte CD, treffen Freunde, treiben Sport, gehen tanzen, wandern, verschönern unser Zuhause usw.

Laut der Akupunktur-Lehre läuft der als der »Dreifache Erwärmer« bekannte Meridian durch den Ringfinger. Ein Manko an dieser Energie bewirkt im seelisch-geistigen Bereich, dass der betreffende Mensch gefühlskalt, gleichgültig oder zwiespältig ist. Eine natürliche Herzenswärme unseren Mitmenschen, allen anderen Geschöpfen und der Natur gegenüber ist also nicht nur eine Frage des Charakters. Gefühlskälte und Gleichgültigkeit können uns alle überkommen, wenn unser Wärme-Meridian geschwächt ist.

Diese Mudra kann also auch kranken Menschen in jeder Beziehung Linderung bringen. Sie schenkt ihnen die nötige Geduld und Gelassenheit, ihre momentane Situation zu akzeptieren und in Ruhe abzuwarten.

Geduld, Herzenswärme, Mitgefühl und innerer Friede sind Eigenschaften, die in jedem wirklich gesunden, in sich zentrierten Menschen angelegt sind. Wie nach einem tief verborgenen Schatz müssen wir jedoch oft eine Weile graben, bis diese wunderbaren Kostbarkeiten ans Licht kommen und uns das Leben leichter machen können.

Imagination *Stellen Sie sich vor, dass Sie mit einem Spaten in der Hand unter einer riesigen Esche stehen. Sie graben ein tiefes Loch, um Ihren Schatz zu heben. Mit viel Mühe fördern Sie schließlich eine Schatztruhe zutage, die Sie öffnen und darin eine goldene Kugel entdecken. Sie setzen sich hin und stellen die Kugel vor sich. Nach einigen Sekunden öffnet sich die Kugel, und vor Ihnen entfaltet sich eine große Leinwand. In dem Film, der darauf zu sehen ist, spielen Sie die Hauptrolle. Hier agieren und reagieren Sie so, wie es Ihrer Urnatur entspricht: Sie sind voller Herzenswärme, Mitgefühl, Geduld und Frieden.*

Bejahung *Ich mache das Beste aus dem Hier und Jetzt und erwarte auch von der Zukunft nur das Beste.*

Bumerang-Mudra – Mudra für den Kreislauf

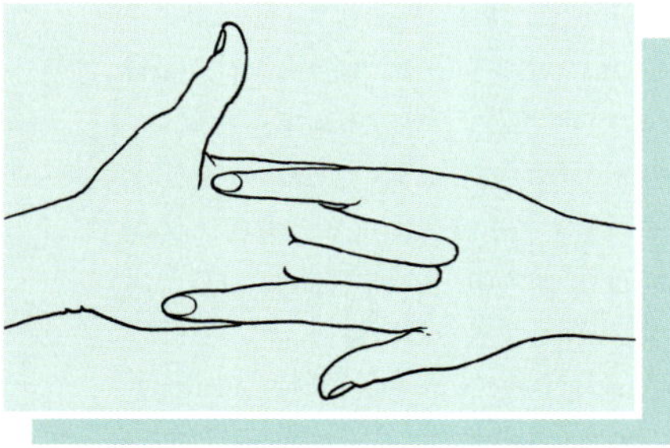

Vorbereitung Reiben Sie beide Handrücken kräftig aneinander.

Mudra Legen Sie die Fingerrücken beider Hände aneinander, wobei die rechte Handfläche nach unten und die linke nach oben zeigt. Dann verschränken Sie die Finger so ineinander, dass der rechte Zeigefinger und kleine Finger auf der linken Handfläche liegen. Die Hände legen Sie locker in den Schoß oder auf ein stützendes Kissen.

Atmung Atmen Sie dabei tief, langsam, rhythmisch und fein. Die Pausen nach dem Ein- bzw. Ausatmen sind etwas verlängert. Spüren Sie dem Atem in Brust und Bauch nach.

Wirkung Diese Mudra stimuliert den Kreislauf und reguliert den Blutdruck.

Der Kreislauf untersteht einem kosmischen Gesetz, das unsere Lebensqualität maßgeblich beeinflusst: *Alles, was wir aussenden, kommt wieder zu uns zurück.* Es wird nicht genau dasselbe sein, aber dem entsprechen, was wir ausgesendet haben. Es kommt auch nicht genau aus der gleichen Richtung, sondern meistens aus einer anderen Quelle. Jeder positive Gedanke, jedes warme Lächeln, jedes aufbauende Wort und jede gute Tat ist wichtig und kommt zur gegebenen Zeit in entsprechender Form zu uns zurück.

Imagination Sie entfachen im Geist ein riesiges Feuer. Dann formen Sie aus all Ihren negativen Gedanken der Vergangenheit schwarze Kugeln, die Sie ins Feuer werfen. Danach senden Sie positive Gedanken und Wünsche in Form von weißen Kugeln an Ihre Mitmenschen, in Ihre Verpflichtungen und in die ganze weite Welt hinaus. Sie tun es in der Gewissheit, dass das Positive zur gegebenen Zeit auf Sie zurückkommen wird.

Bejahung Ich erwarte kleine und große Wunder und bin von Herzen dankbar.

Ton-Mudra – Mudra für eine schöne Stimme

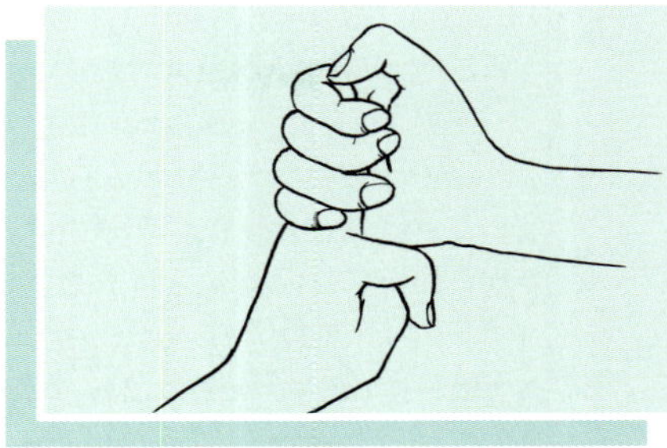

Vorbereitung Sie legen die Hände rechts und links an die Wangen und streichen sanft über den Hals in Richtung Brust und wieder zurück. Dabei atmen Sie aus und hauchen zuerst ein langes AAAh, danach ein EEEh, dann ein IIIh, ein OOOh und schließlich ein UUUh. Streichen Sie dabei abwechselnd von oben nach unten und von unten nach oben. Das Ganze wiederholen Sie 3-mal.

Mudra Strecken Sie den linken Mittelfinger nach oben und umfassen Sie ihn mit den Fingern der rechten Hand. Die rechte Daumenkuppe legen Sie auf die Spitze des linken Mittelfingers. Die Hände halten Sie auf Halshöhe, die Unterarme waagrecht – aber nur so lange, wie es Ihnen angenehm ist.

Atmung Atmen Sie dabei tief, langsam, rhythmisch und fein. Die Pausen nach dem Ein- bzw. Ausatmen sind etwas verlängert. Konzentrieren Sie sich auf die Kehle.

Wirkung Mit dieser Mudra stärken Sie den gesamten Kehlbereich, die Stimmbänder (Stimme), den Schluckmechanismus und die Schilddrüse. Außerdem fördert die Ton-Mudra die Tatkraft und schenkt Ruhe – eine kraftvolle Ruhe, die aufbauend wirkt.

Die Stimme »bestimmt« sozusagen die Stimmung eines Menschen. Das heißt aber auch, dass wir mit der Stimme auf unsere Stimmung einwirken können. Probieren Sie es einmal aus! Ihre Stimme hat jedoch auch einen großen Einfluss darauf, wie Sie auf andere wirken: schwach oder stark. Wenn Sie stark wirken, bestimmen Sie über sich selbst. Wenn Sie dagegen schwach klingen, ist das wie eine Aufforderung zur Fremdbestimmung. Bei dem Begriff »Fremdbestimmung« denken wir sofort an andere Menschen – und es ist auch durchaus sinnvoll, hin und wieder über unsere Beziehungen nachzudenken und, wenn nötig, Korrekturen vorzunehmen: »Weißt du, ich habe über das oder jenes einmal nachgedacht – so geht es nicht weiter ... Ich will zukünftig selbst bestimmen, was ...«

Dazu möchte ich Ihnen hier noch einen kleinen Trick verraten: Wenn Sie sich durchsetzen oder etwas Wichtiges anbringen wollen, werden Sie besser nicht laut. Lassen Ihre Stimme lieber tiefer werden. Das gibt Ihrer Aussage oder Ihrem Anliegen viel mehr Gewicht.

Hilfreich kann es auch sein, wenn Sie hin und wieder einmal ein Selbstgespräch führen, denn das wirkt immer klärend. Sie sagen dabei mit deutlicher und kraftvoller Stimme, was Ihnen nicht passt – Sie »spucken« es sozusagen aus. Danach sprechen Sie klar und deutlich aus, *was und wie* Sie es wollen.

Mit dieser Sprechtechnik können Sie Ihr Unterbewusstsein enorm beeinflussen. Sie motivieren sich selbst, stärken Ihren Willen und bringen die inneren Kräfte auf Trab.

Vielleicht haben Sie auch einmal das Bedürfnis, laut zu schreien: Nur zu, denn damit können sich angestaute Gefühle lösen. Es sollte dann allerdings nicht dabei bleiben – entwickeln Sie Strategien, um die Sache in den Griff zu bekommen.

Es gibt jedoch noch eine andere Art von »Fremdbestimmung«, auch wenn es auf den ersten Blick nicht so aussieht, da diese Form nicht von außerhalb, sondern aus unserem eigenen Inneren kommt. So kann etwa von einem Unfall oder einer längeren Krankheit ein Trauma zurückbleiben. Dann versucht uns der Körper vielleicht mit Tricks und kleinen Zipperlein von allem Möglichen abzuhalten. Wenn wir dem einfach nachgeben, werden wir immer schwächer und verkraften immer weniger. Das Gleiche gilt, wenn wir durch eine depressive Krise gehen. Hier kann eine Veränderung der Stimme uns aufmuntern und unsere Stimmung und Tatkraft im positiven Sinn beeinflussen.

Wir können auch von Mächten manipuliert werden, die von außen kommen. Das ist aber nur möglich, wenn wir es zulassen. Interessanterweise werde ich, wenn ich intensiv geistig arbeite, fast nie gestört. Es ist, als ob die totale Ausrichtung auf meine Arbeit mich für die Außenwelt unerreichbar machen und mich vor allen störenden Einflüssen schützen würde, sogar vor Krankheitskeimen.

Genauso wichtig wie unsere Stimme ist jedoch auch die Wahl unserer Worte. Worte sind die reinsten »Energiebündel« und bestimmen weitgehend unser Schicksal. Was auch immer wir sagen, nimmt unser Unterbewusstsein auf – und es richtet sich nach dem, was wir sagen. Auch die Kräfte des Universums erfassen, was wir sagen, und richten sich ebenfalls danach.

Übrigens: Wann haben Sie eigentlich das letzte Mal gesungen? Singen formt unsere Stimme und hebt unsere Stimmung. Singen Sie so oft wie möglich, allein oder in Gesellschaft – das tut guuut!

Imagination *Stellen Sie sich vor, Sie wollen ein Anliegen vorbringen. Sprechen Sie es zuerst in verschiedenen Tonlagen laut aus und beobachten Sie, wie es jeweils auf Sie wirkt. Dann wiederholen Sie Ihr Anliegen 3-mal mit tiefer und kraftvoller Stimme. Merken Sie den Unterschied?*

Bejahung *Liebevoll, aber bestimmt nehme ich mein Leben in meine eigenen Hände und bestimme selbstbewusst, was ich zu tun und zu lassen habe.*

Willens-Mudra – Mudra für Tatkraft und optimale Zielsetzung

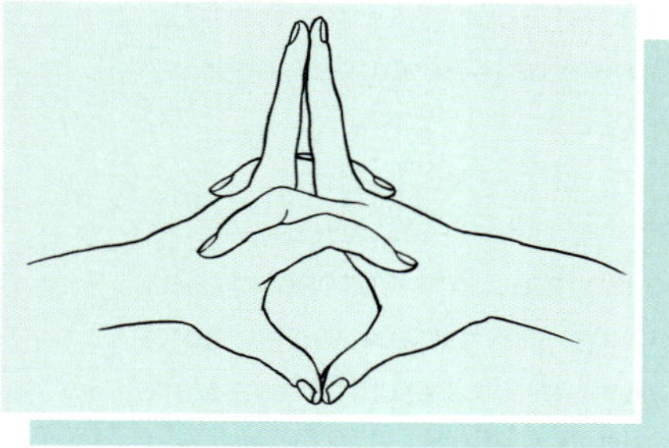

Mudra Verschränken Sie Zeigefinger, Ringfinger und kleinen Finger beider Hände ineinander. Die beiden Daumen und die beiden Mittelfinger legen Sie aneinander und halten die Hände dann auf Höhe des Magens.

Atmung Atmen Sie dabei tief, langsam, rhythmisch und fein. Die Pausen nach dem Ein- bzw. Ausatmen sind etwas verlängert. Ihre Achtsamkeit richten Sie auf das Solarplexus-Chakra.

Wirkung Diese Mudra tut allen Organen gut und aktiviert den Kreislauf. Außerdem stärkt sie auf emotionaler und mentaler Ebene.

Ein altes Sprichwort sagt: »Wo ein Wille ist, da ist auch ein Weg.« Und natürlich auch ein Ziel. Ziel – Wille – Tatkraft: Diese drei Begriffe vermitteln »Power pur«, geballte Kraft, und damit lässt sich fast alles erreichen.

Das Wichtigste ist, dass Sie sich ein klares Ziel in einem Bereich setzen, der Ihnen liegt – Aus- und Weiterbildung, Beruf, Hobby oder Beziehungen. Packen Sie es lustvoll an und ziehen Sie es mit der Kraft des Willens durch. Dann wird es auch ein Erfolg! Das bringt Befriedigung, hält körperlich gesund, geistig frisch, hebt die Stimmung und macht rundum glücklich.

- Setzen Sie sich Ziele, die *Ihnen* entsprechen.
- Peilen Sie ein langfristiges Ziel und viele kurz- und mittelfristige Ziele an.
- Setzen Sie Prioritäten.
- Räumen Sie alles beiseite, was Sie vom Ziel abhält.
- Gehen Sie den Weg der kleinen Schritte.
- Fangen Sie sofort an – aufschieben bringt nichts!
- Hindernisse und Widerstände gehören dazu – überwinden Sie sie.
- Bleiben Sie trotz aller Zielstrebigkeit flexibel.
- Achten Sie darauf, dass Ihr Projekt Ihrem eigenen Wohl und dem Wohl aller Beteiligten dient.

- Machen Sie die höhere Macht zu Ihrem Partner.
- Erlauben Sie sich keine Halbherzigkeit. Bringen Sie all Ihre Gedanken, Gefühle, Sinne und Fähigkeiten in Ihr Projekt ein.

Wenn Sie so auf ein Ziel hinarbeiten, werden Sie trotz all der Widrigkeiten, die wohl sporadisch auftreten werden, feststellen, dass sich letztendlich alles zu Ihrem Vorteil entwickelt. Man könnte sagen, Sie bekommen »ein Händchen« für alles, was Sie Ihrem Ziel näher bringt. Und vergessen Sie nicht: Bei aller Zielstrebigkeit und Beharrlichkeit sollten Sie locker bleiben, Ihren Bestrebungen eine spielerische Note geben und den Humor nicht auf der Strecke bleiben lassen, denn der gibt dem Ganzen erst die richtige Würze.

Doch so wichtig es auch ist, den vollen Einsatz zu bringen, um ein Ziel zu erreichen, sollten Sie doch noch einen weiteren Aspekt beachten: Wir müssen unsere tiefsten und die höheren Kräfte in unsere Projekte mit einbeziehen, wenn wir wirklich erfolgreich sein wollen. Denn bei allem, was wir erreichen, spielt auch der Zufall eine große Rolle. Und was ist Zufall anderes als Unterstützung und Hilfe, die sowohl von innen als auch von außen kommt? Aber wie können wir uns nun auf diese Hilfe einstellen und all diese Kräfte mobilisieren?

Passen Sie gut auf: Ich verrate Ihnen jetzt ein System, das ich schon seit Jahren sehr erfolgreich anwende. Ich nenne es die »Kartentechnik«: Man notiert seine Ziele auf einzelne Karten und beschreibt sie in Stichpunkten. Diese Karten nimmt man dann morgens, tagsüber und abends zur Hand und liest ruhig, aber voller Inbrunst leise – oder noch besser laut – den entsprechenden Text.

Imagination *Stellen Sie sich die Wege, die zu Ihrem Ziel führen, ausgiebig vor. Dann malen Sie sich in den buntesten Farben aus, wie Sie erfolgreich an Ihrem Ziel ankommen.*

Bejahung *Die universellen Kräfte innerhalb und außerhalb meiner Selbst übernehmen die Patenschaft für meine Ziele.*

Chakra-Mudra – Mudra zum Einschlafen

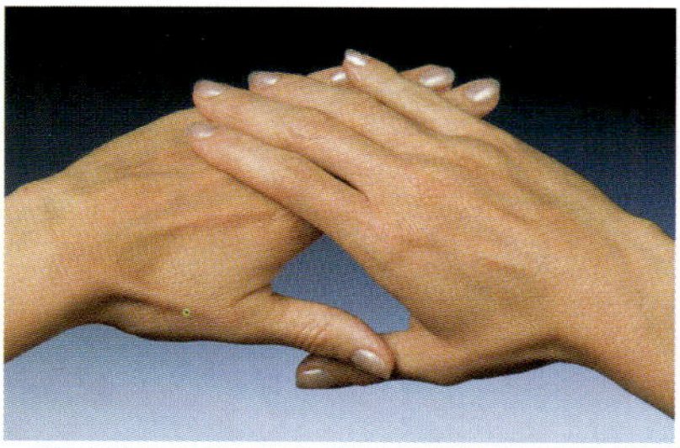

Vorbereitung Sie lassen die Arme und Hände nach unten baumeln und machen 7 tiefe Atemzüge. Dabei atmen Sie durch den Mund aus und seufzen laut oder leise. Stellen Sie sich dabei vor, dass Sie verbrauchte Energie wie dunkle Rauchschwaden ausatmen. Rauch strömt aus Ihrem Mund, aus Ihrer Nase und aus allen Poren Ihres Körpers.

Mudra/Atmung Frauen legen nun die *linke* Hand ganz ohne Druck auf das *Schambein* und die *rechte* Hand auf die *linke,* wobei der rechte Daumen unter dem linken liegt (siehe Abb.) – Männer jeweils umgekehrt. Nun beginnen Sie mit der Vollatmung: Sie atmen tief ein, halten den Atem etwa 3 Sekunden an und atmen dann langsam wieder aus. Diesen Rhythmus behalten Sie 12 Atemzüge lang bei.

Legen Sie nun die *rechte* Hand direkt unterhalb des Nabels auf den *Bauch* und die *linke* darüber (Männer jeweils umgekehrt) und machen Sie wieder 12 tiefe Atemzüge. Danach legen Sie die Hände auf den *Solarplexus* und atmen auf die gleiche Weise, dann auf das *Brustbein*, auf den *Kehlkopf,* auf die *Stirn* und zuletzt auf das *Schädeldach,* wobei *abwechselnd* die rechte oder die linke Hand unten liegt.

Wirkung Mit dieser Mudra werden die Chakras wie Batterien neu aufgeladen, sie hilft vor allem aber auch beim Einschlafen.

Ich mache die Chakra-Mudra am liebsten abends vor dem Einschlafen. Vielleicht kennen Sie diesen unangenehmen Zustand auch: Sie sind einerseits müde und schlapp, andererseits aber innerlich unruhig und wie aufgedreht. Mit dieser Mudra, die – wie alle anderen auch – eng an den Atem gekoppelt ist, erreiche ich recht schnell eine wunderbare Tiefenentspannung: Zuerst werde ich herrlich schlapp und schlafe dann bald ein. Sehr oft überkommt mich der Schlaf schon beim Herz-Chakra, also wenn ich die Hände auf das

Brustbein lege. Wenn Sie die Mudra als Einschlafhilfe einsetzen wollen, würde ich Ihnen sowieso vorschlagen, bei den vier unteren Chakren zu bleiben, damit nicht zu viel frische Energie in den Kopf strömt.

Wenn ich diese Mudra tagsüber mache, bleibe ich 10 bis 20 Minuten liegen oder sitzen und recke und strecke mich danach kräftig. Das ist sehr wichtig, falls man sich nachher wieder den Alltagsverpflichtungen zuwenden will. Danach fühle mich dann wieder frisch und sprühe regelrecht vor Unternehmungslust.

Dass wir manchmal nicht sofort einschlafen können, gehört zum Leben. Wenn das aber zu oft vorkommt, können die folgenden Tipps weiterhelfen:

- Gehen Sie möglichst immer zur gleichen Zeit ins Bett.
- Essen Sie abends so leicht und so wenig wie möglich.
- Duschen Sie die Fußgelenke kalt und die Handgelenke lauwarm ab.
- Machen Sie einen Abendspaziergang.
- Genehmigen Sie sich einen Tee aus Hopfen, Baldrian oder Melisse.
- Hören Sie entspannende Musik oder lesen Sie eine Weile.
- Hängen Sie schönen Gedanken nach.

Auf gar keinen Fall sollten Sie vor dem Einschlafen noch Probleme wälzen. Übergeben Sie Ihr Problem stattdessen in klarem Wortlaut Ihrem Unterbewusstsein. Es wird über Nacht eine Lösung finden. Danach lenken Sie Ihre Gedanken ganz beharrlich auf etwas, das Ihnen Freude macht.

Kürzlich gestand mir ein junger Mann, seine beste Einschlafmethode bestehe darin, dass er an ein ganz bestimmtes Fußballspiel denke. Auch ich praktiziere diese Methode – mein »Film« hat allerdings ein anderes Thema, das ich hier aber nicht verraten werde. Ein Bild, das man regelmäßig vor dem Einschlafen abruft, kann jedoch tatsächlich wie ein Anker wirken.

Imagination *Lassen Sie sich einlullen vom Bild eines blassblauen Himmels mit rosaroten Wolken, die sanft vor Ihren Augen dahinziehen.*

Bejahung *Ich schlafe ganz sanft und tief.*

Magie-Mudra – Mudra der Anziehung

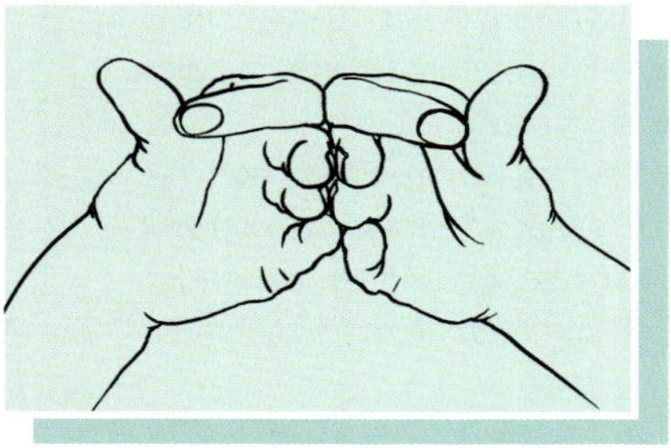

Vorbereitung Sie halten die Hände vor die Brust und kreisen mit den Handgelenken, als ob Sie jemanden zu sich herwinken wollten.

Mudra Legen Sie vor dem Herzen die Fingerrücken mit nach innen weisenden Handflächen aneinander. Die Spitzen der Zeigefinger liegen dabei am oberen Daumengelenk.

Atmung Atmen Sie dabei tief, langsam, rhythmisch und fein. Die Pausen nach dem Ein- bzw. Ausatmen sind etwas verlängert. Sie richten Ihre Achtsamkeit auf das Herz und lächeln dabei.

Wirkung Mit dieser Mudra können Sie etwas, was Sie haben möchten (Freunde, Klienten, Wohnung, Klamotten, Geld usw.), sozusagen »anziehen«.

Wir kommen immer wieder in die Lage, dass wir jemanden oder etwas »an Land ziehen« möchten, der oder das unser Leben bereichert und uns Freude macht. Möchten wir Menschen in unser Leben locken, dann müssen wir zuerst unsere innere Einstellung gegenüber der Art Menschen überprüfen, um die es uns dabei geht, und danach sozusagen geistig unsere »Fühler ausstrecken«. Dabei sollten wir folgende Punkte beachten:

- Liebe und Wohlwollen in Gedanken und Taten sind die mächtigsten Anziehungskräfte.
- Anteilnahme und Anerkennung tun allen Menschen gut.
- Aus einer Verbindung sollten Vorteile für beide Seiten hervorgehen.
- Kurz gesagt: Um einen guten Freund zu finden, müssen Sie selbst ein guter Freund sein.

Ich kenne beispielsweise Frauen, die schon seit Jahren einen Mann suchen. Wenn ich dann ein wenig nachforsche, wie sie über die Männer denken, sie beurteilen und mit ihnen umgehen, was sie von ihnen erwarten oder *selbst bereit sind zu geben,* dann stehen mir oft die Haare zu Berge. Dabei gibt es so viele wunderbare Männer wie Frauen jeden Alters, die interessant sind und ein Herz aus Gold haben.

Auch wenn Sie geschäftliche Kontakte in die Wege leiten möchten, können Sie mit der *Imagination* viel erreichen. Sie müssen sie nur entsprechend abändern. Vielleicht möchten Sie ja auch eher materielle Dinge anziehen. Hier gelten ähnliche Gesetze:

- Das, was Sie wollen, müssen Sie lieben.
- Behandeln Sie es mit Sorgfalt und Respekt.
- Teilen Sie es großzügig mit anderen.

Für all diese Bereiche gilt also: *Das, was Sie in Ihr Leben ziehen möchten, sehen Sie im Geist vor sich. Versetzen Sie sich in die Stimmung, in der Sie sein werden, wenn Sie das Gewünschte erreicht haben, und schwelgen Sie richtig in diesen Gefühlen.*

Das Gesetz der Anziehung funktioniert mit spielerischer Leichtigkeit. Sie sagen dem, was Sie haben möchten, also nicht den Kampf an, sondern locken es mit Charme, Gelassenheit und Leichtigkeit in Ihr Leben.

Diese Mudra sowie die Wunsch-Mudra auf Seite 76 möchte ich Ihnen ganz besonders ans Herz legen, denn ich konnte schon die tollsten Erfolge damit verbuchen. Wenn Sie die »richtigen« Gedanken, Worte und Taten kreieren, werden Sie zu einem Magneten, der das »Richtige«, also alles, was Ihnen Freude macht, anzieht. Zögern Sie nicht – probieren Sie es aus!

Imagination *Stellen Sie sich vor, einen Menschen zu treffen, der so ist, wie Sie es gern hätten. Malen Sie sich aus, wie Sie ihm Ihre Liebe und Ihr Wohlwollen zeigen. Sie sind interessiert an dem, was er tut, und an dem, was ihm wichtig ist. Sie zeigen ihm Ihre Anteilnahme und Anerkennung und sehen sich als guten Freund oder gute Freundin für alle Zeiten.*

Bejahung *Willkommen in meinem Herzen!*

Glaubens- und Hoffnungs-Mudra – Mudra der Hingabe und schöpferische Leere

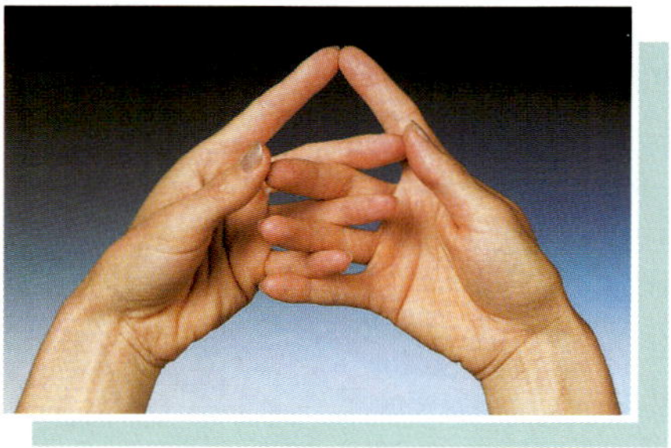

Mudra Legen Sie die Hände mit leicht nach innen verschränkten Fingern in den Schoß. Die Handflächen weisen nach oben, die Daumenkuppen liegen auf den Mittelfingerkuppen und die Zeigefingerkuppen aneinander.

Atmung Atmen Sie dabei tief, langsam, rhythmisch und fein. Die Pausen nach dem Ein- bzw. Ausatmen sind etwas verlängert. Spüren Sie dem Atem in Brust und Bauch nach.

Wirkung Diese Mudra wirkt beruhigend, entspannend und besänftigend.

Viele Menschen haben Angst davor, ihren eigenen Willen zurückzunehmen, um sich einem höheren Willen anzuvertrauen – Angst davor, damit die Kontrolle über ihr Leben aufzugeben. Oder sie meinen, sie würden dann »geprüft« (ein alter Zopf aus dem Religionsunterricht) oder zu etwas gezwungen, das ihnen widerstrebt. Dabei ist das Göttliche doch die Güte selbst und würde uns nie so etwas antun.

Diese Mudra kann Wunder wirken, wenn wir feststellen müssen, dass wir mit dem eigenen Willen immer wieder gegen eine Wand rennen. Oder wenn unser »Eigen-Wille« erschöpft ist, wenn wir also die Kontrolle über das Leben oder zumindest über weite Bereiche davon loslassen und den höheren Kräften übergeben müssen. Ein alter Spruch, der uns dann trösten kann und neue Hoffnung gibt, heißt: »Und wenn du glaubst, du kannst nicht mehr, kommt irgendwo ein Lichtlein her.« Diese Mudra kann uns das Vertrauen und die Zuversicht schenken, dass es immer einen Weg gibt und dass wir stets geführt, geschützt und gestützt werden, wenn wir nur offen und bereit dazu sind.

Als ich mir vor einigen Monaten eingestehen musste, dass ich alles loslassen muss, dass ich nicht weiß, wie es weitergeht und wie der Rest meines Lebens verlaufen wird, haben mir u.a. Bücher sehr geholfen, die Geschichten von Wundern erzählen. Auch in meinem Leben sind seither die Wunder nicht ausgeblieben. Ich möchte Sie, liebe Leserin, lieber Leser, herzlichst dazu ermutigen, an Wunder zu glauben: Geben Sie den Glauben und die Hoffnung nie auf – es gibt wirklich immer einen Weg. Und immer führt er aus dunkelsten Schluchten wieder heraus an die strahlende Sonne, wo Freude, Lust und Begeisterung auf uns warten.

Viele haben außerdem Angst vor der Leere – sei sie eher innerlich (Sinn- und Hoffnungslosigkeit) oder auch äußerlich (Langeweile und Nutzlosigkeit). Wenn ich nichts mehr will – was dann? Aber es kann geradezu ein Abenteuer sein, sich auf die Leere einzustellen. In den östlichen Religionen ist ein Zulassen von Leere einer der wichtigsten Aspekte, um Neuem begegnen, innerlich wachsen und wieder glücklich werden zu können. Und das gilt auch für uns hier im Westen: Probieren Sie es aus! Sie müssen dabei nur offen bleiben und in jeder Situation eine positive Erwartungshaltung einnehmen.

Haben Sie eine Idee, was für Sie persönlich Leere bedeuten könnte? Die klassische Methode, um Leere zu erzeugen, besteht darin, den Atem zu beobachten, bis die Gedanken ganz zur Ruhe kommen.

Eine andere Technik, die weniger schwer zu erlernen und doch wirksam ist, vermittelt Ihnen das folgende Bild:

Imagination *Stellen Sie sich eine leere Schale vor. Beim Einatmen saugen Sie nun sozusagen unsichtbare Energie aus der Schale ein, und beim Ausatmen hauchen Sie ganz sachte in die leere Schale, als wollten Sie etwaige winzige Staubkörnchen hinauspusten. Lassen Sie sich vertrauensvoll auf dieses Bild der Leere ein – in dem sicheren Wissen, dass die Schale nie wirklich leer sein wird: Sie ist gefüllt mit Luft, die wir nicht sehen, ohne die wir aber auch nicht leben können. Außer der Luft gibt es noch weit mächtigere Energien, die nicht sichtbar oder fassbar sind und doch die eigentliche Berechtigung und Qualität unseres Daseins ausmachen. Leere ist Alles!*

Bejahung *Unergründlich und grenzenlos ist die Güte des Universums.*

Ich nehme mein Leben in die Hand,
spüre nach innen, denke nach und handle.

Die goldenen Drei

Wenn wir uns für eine Mudra entscheiden, ist es zumeist so, dass wir

1. etwas loslassen wollen
2. für eine Veränderung bereit sind und sie auch zulassen und
3. etwas Neues in unser Leben einlassen wollen.

Kurz gesagt: Wir halten Rückblick, verschaffen uns einen klaren Durchblick und genießen den neuen Ausblick.

In diesem Sinn können Sie für sich ganz persönlich einen entsprechenden Mudra-Zyklus zusammenstellen. Das ist gar nicht so schwer, wenn Sie sich erst einmal ein wenig mit den Mudras vertraut gemacht haben:

- Sie formen die erste Mudra, um etwas abzugeben bzw. loszulassen oder machen eine entsprechende Handmassage oder Handbewegung (zum Beispiel die Hände ausschütteln).
- Die zweite Mudra soll Heilung bringen, eine Veränderung in Gang setzen oder eine Lösung bewirken. Dazu begeben Sie sich für einige Minuten in die Stille, kommen also bewusst zur Ruhe und halten den Gedankenstrom an. Während dieser Zeit werden Ihre inneren Kräfte im körperlichen wie auch im seelisch-geistigen Bereich aktiviert. Ein kosmisches Gesetz lehrt: »Wie innen, so außen.« Das heißt, wenn sich in unserem Inneren etwas verändert, verändert sich auch etwas in unserem Umfeld – also in Bezug auf unsere Lebenssituation, unsere Beziehung zu unseren Mitmenschen usw.
- Mit der dritten Mudra wollen Sie etwas Neues angehen. Sie suchen Lösungen und kreieren Bilder, die zeigen, wie Sie sich Ihre Zukunft vorstellen und wie Sie sie gestalten wollen. Einen schönen Abschluss dafür bildet die Übergabe Ihres Anliegens an das Göttliche, indem Sie sich ganz seiner Macht und seinen Kräften anvertrauen.

Diesen Prozess können Sie auch noch unterstützen, indem Sie den Atem entsprechend einsetzen. Das geht ganz einfach:

- Zuerst wollen Sie etwas loslassen. Dazu vertiefen Sie die Ausatmung – verbrauchte Energien, krank machende Vorstellungen, negative Erinnerungen usw. werden »ausgepustet« und mit tiefen Seufzern ausgeatmet.
- Während der mittleren Phase – der Wandlung, Heilung und Veränderung – atmen Sie tief, langsam, rhythmisch und fein. Die Pausen nach dem Ein- bzw. Ausatmen sind etwas verlängert.
- Den Abschluss bilden die Offenheit und Bereitschaft für das Neue. Sie stellen sich auf Empfang ein, indem Sie die Einatmung und die Pause danach etwas verlängern.

Es gibt nichts,
was eine liebende und starke Hand
nicht lindern könnte.

Ich wünsch' Ihnen was ...

Jeder Abschied ist schwer, jeder Anfang ist schwer und jedem Ende wohnt ein neuer Anfang inne, den es zu erkennen gilt.

Inzwischen haben Sie das Buch ja zumindest einmal durchgeblättert und sicher auch gesehen, dass bei allen Mudras noch weitere Anregungen, Tipps und Tricks aufgeführt sind. Sie sollen Ihnen helfen herauszufinden, was Sie sonst noch alles tun können, um Heilung oder Besserung zu erlangen, und/oder wie Sie Ihre Denkmuster und Ihre Lebensweise zu Ihrem Vorteil verändern können.

Zum Schluss möchte ich Sie jetzt schlicht und einfach dazu auffordern, am Ball zu bleiben: Finden Sie immer wieder von neuem heraus, was für Sie *ganz persönlich* gut ist und Ihnen gut tut. Denn genauso, wie Sie sich selbst täglich verändern, verändern sich auch Ihre Bedürfnisse ständig. Sie kennen sich selbst am besten und haben ein ganzes Leben zur Verfügung, um sich noch besser kennen zu lernen – und das werden Sie auch brauchen. Haben Sie also Geduld mit sich selbst und gehen Sie wohlwollend und verständnisvoll mit sich um.

So wichtig es ist, dass wir uns selbst immer genug Achtsamkeit und Zeit einräumen – also sozusagen viel in uns selbst investieren –, dürfen wir uns aber auch nicht nur um uns selbst drehen: Wir müssen uns ganz ins Leben und in die Gesellschaft einbringen. In einem stimmigen Rhythmus sollten wir in uns und wieder aus uns herausgehen, so wie wir ja auch abwechselnd ein- und ausatmen.

Betrachten wir uns doch als Hände – oder auch Handlanger – der kosmischen Kraft, die durch unsere guten Gedanken, Worte und Taten Gutes bewirken will. Wir öffnen unsere Hände, um zu geben, und zugleich wird uns das Universum in die leeren Hände seine Kostbarkeiten legen.

Lassen Sie auch nie die Gegenwart außer Acht – genießen Sie trotz allem den momentanen Augenblick, entwickeln Sie sich zu einer Lebenskünstlerin bzw. zu einem Lebenskünstler. Dazu brauchen Sie nicht mit einer Rose im

Knopfloch durch die Welt zu wandeln, aber zu einem verschmitzten Lächeln reicht es doch allemal. Gehen Sie das Leben mit einem Lächeln an, und es lächelt garantiert zurück!

Es wird nie alles perfekt sein. Denken Sie immer daran: Jeder Mangel ist wie ein Riss in einer vollkommenen Oberfläche, durch den ein Lichtstrahl des Universums eindringen kann. Genauso ist es – lassen wir es zu, machen wir das Beste daraus und lassen wir es uns wohl sein. Ganz egal, wie die augenblicklichen Umstände aussehen: Wir haben es immer *in der Hand*, trotzdem schöne Gedanken zu hegen.

So einfach ist es – also ein letztes Mal: Probieren Sie es aus!

Möchten Sie gern noch tiefer in die Thematik der Mudras vordringen oder sich mit weiteren ergänzenden Themen befassen, dann fordern Sie bitte Informationsmaterial über die Yoga-Mudra-Meditations-Wochenenden an. Yoga-Vorkenntnisse sind dazu nicht nötig. Spezielle Mudra-Kurse gebe ich nicht, sondern halte höchstens hin und wieder einmal auf Anfrage einen Vortrag. Bei Interesse schreiben Sie bitte an:

Yogaschule am Wildbach
Felsenstrasse 12A
CH-8008 Zürich
Internet: www.gertrudhirschi.ch

Zum Abschluss noch ein paar Worte in eigener Sache: Da sich die meisten Probleme nicht mit ein oder zwei Sätzen klären lassen, ist es mir aus zeitlichen Gründen leider nicht möglich, Fragen zu den Mudras schriftlich zu beantworten. Dafür möchte ich Sie an dieser Stelle um Verständnis bitten.

Literatur

Brothers, Joyce und Eagan, Edward P. F.: *In 10 Tagen zum vollkommenen Gedächtnis.* Heyne, München 1992.

Burmeister, Alice: *Heilende Berührung*. Droemer Knaur, München 1998.

Chang, David: *Mit Händen heilen*. Econ Ullstein, München 1999.

Chia, Mantak: *Tao Yoga des Heilens.* Ansata, München 2001.

Gawain, Shakti: *Stell dir vor – Kreativ visualisieren*. Hugendubel, München 1993.

Haag, Susanne: *NLP Welten*. Markus Schirner, Darmstadt 1997.

Hay, Louise: *Heile Deinen Körper*. Lüchow, Freiburg 1998.

Hirschi, Gertrud: *Lust auf Yoga*. Hermann Bauer, Freiburg 1998.

Hirschi, Gertrud: *Mudras – Yoga mit dem kleinen Finger.* Hermann Bauer, Freiburg 2001.

Hirschi, Gertrud: *Sieben Wege glücklicher zu werden*. Hermann Bauer, Freiburg 1999.

Kabat-Zinn, Jon: *Gesund durch Meditation.* Scherz, München 1993.

Kabat-Zinn, Jon: *Im Alltag Ruhe finden*. Herder, Freiburg 2001.

Klemann, Carsten: *Handreflexzonenmassage*. Econ Ullstein, München 2000.

Mala, Matthias: *Magische Hände*. Hugendubel, München 1997.

Mala, Matthias: *Wohlfühlen durch Mudras*. Midena, München 2000.

Mesko, Sabrina: *Healing Mudras – Yoga for Your Hands.* New York 2000.

Messing, Norbert: *Das große Buch der Darmreinigung*. Bio Ritter, Tutzing 1998.

Müller, Dagmar: *Autosuggestion kurz und praktisch.* Hermann Bauer, Freiburg 1996.

Northrup, Christiane: *Frauenkörper – Frauenweisheit*. Zabert Sandmann, München 1998.

Ramm-Bonwitt, Ingrid: *Mudras – Geheimsprache der Yogis.* Hermann Bauer, Freiburg 1988.

Riedel, Rudolf: *Wenn die Seele Urlaub macht.* Hermann Bauer, Freiburg 2000.

Roman, Sanaya: *Kreativ Reichtum schaffen.* Goldmann, München 1993.

Tschoepke, E. Th.: *Hände gut, alles gut.* Ch. Falk, Seeon 1998.

Zehentbauer, Josef: *Körpereigene Drogen*. Artemis & Winkler, Düsseldorf 1977.

Hier finden Sie die richtige Mudra

Wenn Sie ausführliche Angaben über die Wirkung einer Mudra suchen, schlagen Sie einfach unter der fett gedruckten Seitenzahl nach. Die übrigen Seitenzahlen verweisen auf Textstellen, in denen der entsprechende Begriff in anderen Zusammenhängen erwähnt wird.

Vielleicht werden Sie auch feststellen, dass Ihnen eine Mudra, die hier gar nicht speziell für Ihr Problem empfohlen wird, noch besser hilft: Schließlich reagiert jeder Mensch auf seine ganz persönliche Art und Weise auf die Mudras. Probieren Sie also einfach aus, was *Ihnen* am besten bekommt.